JN105568

SIMPLY ENGLISH

さりげなく使える 素敵な言い回し

ウェルネス英会話

重光リナ＝著
Lina Shigemitsu

ベレ出版

Intro

SIMPLY ENGLISH

**Dedicated to you…
who are inspired to become
the best version of yourself.**

**最高の自分になりたいと奮起する
あなたに捧げる**

"To have another language is to possess a second soul."
「母語以外の言語を話せるようになることは、2つ目の魂を手にすること」。

シャルルマーニュ（カール大帝）がこの言葉を残しているように、誰もが新たな言語を持つことで、想像もつかなかった、はるか壮大なものを手にすることができるのだということを伝えたい思いからこの本は生まれました。

あなたがこの本を手にしたのには理由があったのではないでしょうか。単純に英会話をマスターしたい、旅行先で英語で会話をしたい、外国の人と流暢に会話がしたい、この一冊を片手に素敵な旅がしたい、英語を通して毎日をポジティブに過ごしたい、バージョンアップしたい……　理由が何であれ、英語をマスターしたいという思いは共通しているはずです。

この本ではさまざまな表現が紹介されています。すべてを一度に吸収しようとするのではなく、じわじわと少しずつ実践していったほうが効率的だと思います。深く吸収するチャンスを自分に与えていく……あるいは、一度全部読み通してからもう一度全部読み返してもいいでしょう。

ただ新しいボキャブラリーや言い回しを学ぶことにとどまらず、英語をマスターし、バージョンアップした自分や、英語を流暢に話せている自分をイメージしていくことにも挑戦してみてください。

本書でも述べていますが『イメージ』することは怖いぐらい強力なパワーをもっているんです。
“想像することでより早く理想の現実を手に入れられる”と、耳にしたことはありませんか?
これを英語では、『Power of Imagination』と言います。
いわゆる、“想像する力”。

このイマジネーション法を英会話力の上達にも役立てていくことが重要なのです。『英語でイメージをとらえる』を意識していくことです。『英語でイメージをとらえる』ことができたら、次はあなたが思い描いている夢を一つひとつ現実のものにしていくことにも挑戦してみてください。

遠い場所に出かける時も、近くにお出かけの時もいつもそばにある一冊になりますように。そんな「SIMPLY ENGLISH」を片手に素敵な旅の思い出を作っていってください。

この一冊があなたのたった一度の人生に自信と喜びと豊かな日々をもたらすことを願ってやみません。

それでは楽しみながら学んでください。

Stay the course and Good Luck!
This is simply, ‘English’.

Orchard st
0.8
1.8 Rushcutters Bay

Table of CONTENTS

Chapter 1
SIMPLE DAILY ENGLISH

女性のための、毎日使いたくなる・

日常で瞬時に出てくる、短くて上品な英語

Part 1　気持ちや考えが伝わる一言+フレーズ

Part 2　様々なシーンで使えるシンプルフレーズ

Part 3　旅先でとても役立つシンプルフレーズ

Bonus　旅先でとても役立つ会話のサンプル

Chapter 1
SIMPLE DAILY ENGLISH

Part 1

気持ちや考えが伝わる 一言＋フレーズ

SHOWING JOY

🔊 001

喜ぶ

● シンプルに嬉しさや喜びを表現するワード

Yay!
(いいね!)

Great!!
(やった!・すごい!)

Wow!
(ええ、すごい!)

Hooray!
(やったー!)

Sweet!
(素敵!・いいね〜)

Woo-hoo!!
(やったー!)

Awesome!
(最高!)

Yes!
(やった!)

Fantastic!
(最高!)

Amazing!
(本当に最高!)

Nice!
(やった〜!)

Notes:

「Yay!」や「Woo-hoo!!」は、それほど上品な感じはしませんが、上品な言い方(声のトーンなど)次第でエレガントな響きにもなります。

2ワード以上の表現

I can’t believe it!

（信じられない！）

I’m so happy!

（すっごく嬉しい！）

Oh my goodness!

（嘘でしょ！）

You’re the best!

（あなた最高！）

I’m speechless!

（言葉にならないくらい嬉しい！）

How wonderful!

（本当に素敵！）

I did it! / I made it!

（ついにやったよ！）

Notes:

「How wonderful!」（本当に素敵！）は、何か素敵なものをもらった時や、素敵な話を相手から聞いた際に使う表現です。

例：

I went to Spain last summer.

この間の夏スペインに行ったんだ。

How wonderful!

え〜素敵！

COMPLIMENTS

🔊 002

ほめる

● シンプルに相手を褒めるワード

Nice!
(いいね!)

Great!
(素敵!)

Good!
(よし!)

Perfect!
(完璧!)

Well done!
(よくやった!)

Awesome!
Amazing!
Fantastic!
Excellent!
(最高ね!・素敵だね!・すごいね!)

Notes:

＊すべて「That's」を前に添えても使えます。

例:
I got a new job!
(仕事が見つかったんだ!)
That's awesome!
(え〜すごいわね!)

相手を褒める

Lucky you!
（あなたラッキーね！）

You're fun to be with.
（あなたといると楽しい）

You make me laugh!
（私を笑わせてくれるね！）

That's pretty/beautiful!
（それかわいい／綺麗ね！）

You're so pretty/beautiful!
（あなたはとても可愛い／綺麗ね！）

You're so kind.
（あなたは優しいね）

That's so sweet!

That's so sweet of you!
（え～素敵・優しい！）

I like / love...を使って相手の良い所を褒める

I love your sense of style.
（あなたのファッションセンス好きよ）

I love your smile.
（あなたの笑顔大好き）

I like those shoes.
（その靴好き）

I like the way you think.
（あなたの考え方が好き）

Notes:

*「That's so sweet!」は何か優しい言葉をかけられたり、してくれた際に使います。

例：
I baked this cake for you.
（あなたにケーキを焼いてきたんだ。）
That's so sweet of you!
（あなた優しいわね！）

ENCOURAGE

🔊 003

励ます

● 誰かの背中を押すフレーズ

Go for it!
(やってみて!)

Give it a try!
(トライしてみて!)

Keep it up!
(その調子!)

Never give up!!
(諦めないで!)

Hang in there!
(もう少しだから頑張って!)

You're almost there!
(あと少しの頑張りよ!)

I believe you can do it!
(あなたならできるって信じてる!)

You have nothing to lose.
(失うものは何もないよ)

You never know until you try it.
(やってみないとわからないよ!)

Notes:

You're almost there!　は、目標に向かって努力している人に対して「あとちょっとの頑張りだよ!」と勇気づけたり励ましたりする時によく使います。

落ち込んでいる誰かを励ますフレーズ

Cheer up!

（元気出して！）

Don’t worry!

（大丈夫！）

I’m on your side.

（あなたの味方だよ）

Things will work out.

（すべて上手くいくよ）

Everything’s going to be fine.

（すべて良くなるよ）

You’ve got nothing to lose.

（失うものは何もないよ）

CARING WORDS

🔊 004

気遣う・心配する

● 具合の悪い人にかける言葉

Rest well
（よく休んでね）

Get well soon!
（早く良くなってね！）

Take care OK?
（お大事にね！）

Take care of your body.
（お体をお大事にね）

Don't work too hard!
（無理しすぎないでね！）

● 無理・頑張りすぎている人にかける言葉

Take it easy!
（ほどほどにね！・気軽にね。）

Don't over do it!
（頑張りすぎないでね！）

Don't stress yourself!
（ストレスをためないでね！）

Notes:

例：

Take care of your body.
（体に気をつけてね）

Take care of your phone.
（電話を大事にね）

どこか辛そうにしている人にかける言葉

Are you OK? / Are you alright?
（大丈夫？）

I'm very worried...
（本当に心配…）

Is everything OK?
（いろいろと大丈夫？）

I hope everything is OK...
（いろいろと大丈夫だといいけど…）

Is something wrong?
（何かあった？）

Are you feeling unwell?
（どこか具合でも悪いの？）

Notes:

「Is something wrong?」の例:
誰かの様子がおかしい時に、
Is something wrong?
（何かあった？）
問題が起きている場面で、
Is something wrong?
（何か問題でも？）

ANGER / FRUSTRATION

怒り

005

I'm hurt.
(傷付いたわ)

Are you joking?
(からかわないで)

It's ridiculous!
(ばかげてるわ!)

Seriously!
(本当にもう!)

Unbelievable!
(信じられない!)

Very annoying.
(本当に癇に触るわ)

I can't take it.
(もう無理)

Goodness Gracious!
(もう、信じられないわ!)

That is terrible.
(それはひどいね)
※相手の怒りに共感する時

Notes:

Seriously!の直訳は「真面目に」だが、「信じられない!」や「本当にもう!」と言いたい時に使います。

I've had enough!

(もうたくさんだわ！)

Don't talk to me.

(話しかけないで)

Leave me alone!

(そっとしておいて)

Are you serious?

(あなた本気？)

Don't be ridiculous.

(ふざけないで)

I don't give a damn!

(知ったことではない！)

That's not really nice.

(それは良くないわよね)

What are you talking about?

(何を言ってるの？／何が言いたいんですか？)

Notes:

どんなに素敵で上品な女性でも、「もう！」という場面はあるはず！
そんな時に使う、英語とは？

Goodness! / Gosh! / My! / Oh, my! / Boy! / (米英語なら) Gee!

あたりが使われるでしょう。
でも、おすすめは、Goodness Gracious!

RECOMMEND

🔊 006

勧める

It's so good!
(すごくいいよ!)

I recommend it!
(オススメする!)

You should try it!
(試してみるべきよ)

Notes:

シンプルに何かを進めたい時はYou shouldで始める。

例:
You should see it.
(見てみるべきよ)

You should go there.
(行ってみるべきよ)

It's a must-see!
(これは必見です)

I say this one.
(こっちがいいと思う)

I suggest this one.
(こっちをオススメします)

I think this is better.
(このほうがいいと思う)

Trust me it's good!
(信じて、本当にいいから!)

You should check it out!
(見てみて!)

Why don't you try it?
(試してみるのはどう?)

LULL

🔊 007

なだめる

Calm down...
（落ち着いて…）

It's OK...
（大丈夫だよ…）

Relax...
（リラックスして…）

Take it easy!
（無理しないで！）

It will be fine!
（よくなるよ！）

Everything will be OK...
（全部良くなるよ…）

Everything will be OK... の直訳は、「全部良くなるよ」だが、「何も心配することないよ」といったニュアンス。

＊大きな声をあげて泣いている人や子供がいたら、「Shhhh」と静かになだめたりもします。その場合は優しく相手を撫でながら…

TOUCHED

🔊 008

感動する

I'm moved.

「心を動かされた」というようなニュアンス。

I'm touched.

「心に触る・響いた」というようなニュアンス。

I'm impressed.

(感心したよ)

It's breathtaking.

(息をのむほど美しいと思う時に使います)

I'm speechless.

(言葉で言い表せないほど感動した)

It was emotional.

(感情的だった)

I'm blown away.

(吹き飛ばされるくらい感動した)

It made me cry.

（泣けたよ）

It made me smile.

（笑顔になれたよ）

Notes:

感動の度合いを強調したい場合は下記を添えるだけ。

とても：「very」「really」「so」
非常に：「extremely」
本当に：「truly」

例：
「I'm very impressed.」
（とても感心したよ）
「It was extremely emotional.」
（非常に感情的だった）

RESPONSE

009

あいづちする

ベーシックな相槌

I see
（そうなのね）

Really?
（本当に？）

Sure
（もちろん）

Exactly
（確かに）

Yes / Oh Yes
（はい）

That's right / Right
（その通りね・そうだね）

That's true / True
（確かにそうね）

I think so too
（私もそう思う）

Uh-huh
（うんうん・そう）

バリエーションを持たせたい時に使う相槌

Absolutely
（絶対にね）

Indeed
（確かに）

Is that so?
（そうなの？）

Is that right?
（え、本当に？）

I bet
（でしょうね）

Totally
（完全に）

「Totally」は、会話の途中で「うん、本当に」や「完全にそうだよね！」と言う場合にも使います。

例：
「I think it is a waste of time!」
（時間の無駄ですよね）

「Totally!」
（本当にそうね！）

CONFUSED

🔊 010

迷う

● 選べない／決断できない時

Oh my...
（どうしよう…）

Can't decide...
（選べない…）

I can't decide...
（選べないわ…）

I'm not sure...
（よくわからない…）

I'm so confused.
（本当に混乱してるわ）

What should I do?
（どうしたらいいかしら…？）

I really don't know.
（本当にわからないわ）

Which one should I buy?
（どっちを買おうかしら…）

I can't make up my mind...
（決断ができない…）

SYMPATHISE

🔊 011

同情する

I'm sorry…

（残念だったね…）

I'm sorry to hear that...

（その件は残念だったね…）

Poor thing!

（かわいそうに）

That's sad...

（悲しいね…）

That's hard...

（大変だね…）

I feel for you.

（その気持ちわかるよ）

It must have been hard...

（大変だったでしょ…）

Notes:

「I'm sorry...」や「I'm sorry to hear that...」は、直訳すると「それを聞いてとても残念に思う…」だが、誰かの悲しい知らせを聞いた時や、同情心を「残念だったね」というように表すフレーズです。

I know how you feel.
（あなたの気持ちわかるよ）

That breaks my heart.
（胸が痛むよ）

● 誰に不幸が起きたとき

I'm so sorry for your loss.
（お悔やみ申し上げます）

I'm sorry to hear that.
（それはお気の毒）

SCHEDULE

🔊 012

予定を決める

Let's set a date.
（日にちを決めましょう）

When shall we go to the cafe?
（そのカフェに行くのはいつにしましょう？）

When are you free?
（いつが空いています？）

Which day is good?
（どの日が良いです？）

I'm flexible.
（合わせられるよ）

Any day / time is OK.
（どの日／時間でもOK）

How about Monday?
（月曜日はいかが？）

That's fine. / That works.
（いいよ・大丈夫だよ）

Let's do lunch!
（ランチしましょ！）
「Let's have lunch」でもいいけど「Let's do lunch」や「Let's grab lunch」は女性っぽく聞こえます。

It's a date!
（では決定！/デートだね！）

Notes:

「デート」は恋人のイメージが大きいけれど、おしゃれな感じで女性の友だちに使うのも有りです。

● リスケするとき

I'm busy that day...
（その日は忙しくて…）

Could we change the time?
（時間を変更してもいいかしら？）

I could at 3 pm.
（3時は大丈夫よ）

Can we reschedule?
（リスケしてもいいかしら？）

Can we make it another day?
（別の日にしてもいいかしら？）

Let's go another time.
（また違う日に行きましょう）

Can I have a rain check?
（またの機会でもいいかな？）

REFUSE/DECLINE

013

断る

誘われた時の上手な断り方 I

“Thank you for ～”の後に、“but ～”でつなげる。

誘ってくれたことへの感謝の気持ちを"Thank you"「ありがとう」で伝えた上で、断りの言葉 “but”「でも」を後につなげましょう。

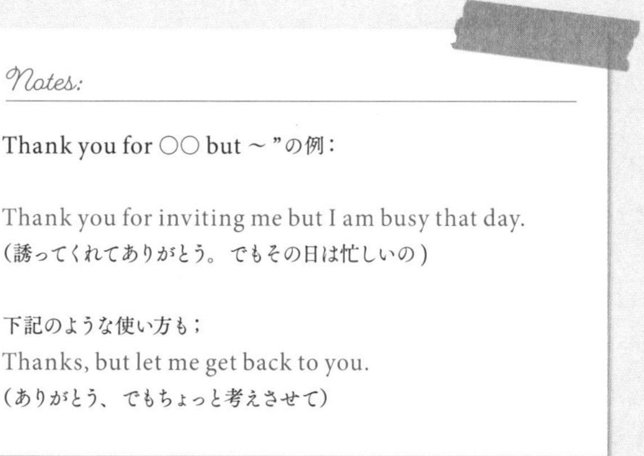

Notes:

Thank you for ○○ but ～ ”の例：

Thank you for inviting me but I am busy that day.
（誘ってくれてありがとう。でもその日は忙しいの）

下記のような使い方も；
Thanks, but let me get back to you.
（ありがとう、でもちょっと考えさせて）

誘われた時の上手な断り方 II

Sorry I have something else...

（ごめんね、他に用事があるの…）

Sorry I can't make it.
（ごめんなさい、行かれないです）

I'm afraid I can't... /
Unfortunately I can't...
（残念だけど無理なの…）

Maybe next time...
（次回にしておくね…）

I'd like to but I can't...
（行きたい（したい）けど無理なの…）

I wish I could...
Maybe some other time.
（行けたら良いんだけど、また別の機会に..）

● 何かを勧められた時の断り方

That's OK.
（結構です）

No thanks /
No thank you
（結構です）

Oh that's fine...
（いえ大丈夫です…）

SURPRISED

🔊 014

驚く

● とっさに出る短いワード

Oh my gosh!
(オーマイガッシュ)

Oh my!
(※オーマイガッシュの省略)

No way!
(嘘でしょ!)

Really??
(本当?)

What?
(えー?)

Wow!
(すごい!)

Are you serious?!
(本気なの?!)

I didn't expect it!
(全く予知してなかった!)

Are you joking?
(冗談でしょ?)

Unbelievable!
(信じられない!)

That's amazing!
(本当に素敵!)

Didn't see that coming!
(想像もつかなかった!)

CONGRATULATE

◀)) 015

祝う

● とっさに出る短いワード

Congratulations on ○○

(○○おめでとう)

※嬉しい出来事

Congratulations for ○○

(○○おめでとう)

※成し遂げた出来事

例:

Congratulations on your marriage.

(ご結婚おめでとうございます)

Congratulations on your baby.

(ご出産おめでとうございます)

Congratulations on graduating.

(卒業おめでとう)

Congratulationsの代わりに使う シンプルな祝いワード・フレーズ

🔊 016

Congrats!

（おめでとう！）

※congratulationの省略

Well done!

Nicely done!

（良くやったね！）

Wonderful!

Amazing!

Awesome!

Excellent!

（素晴らしい！・さすが！）

Impressive!

（お見事！）

Beautiful!

（美しい！）

Hooray!

（やったね！）

Hats off to you!

（尊敬します！）

Here's to you!

（あなたに乾杯！）

Good job!

Great job!

（最高の出来だね！）

Way to shine!

（輝きだしたね！）

※「輝くための準備ができたね」といったニュアンス。

You amaze me!

（さすがだね！）

※感嘆させられた時

You did it!

（やったね！・できたね！）

So proud of you!

（よくやったね、誇りに思うよ！）

ASK A FAVOUR

🔊 017

お願いをする

「お願いをしてもいいですか？」と尋ねる時は…

Would you do me a favour?

Could you do me a favour?

「○○をしていただけますか？」と尋ねる時は…

Could you please ○○ *?*

Could you please lend me a hand?

（手を貸していただけますか？）

もう少しお上品な尋ね方

Would you mind ○○ *?*

Would you mind closing the window?

（窓を閉めていただけますか？）

「○○をしていいですか？」

May I ○○ *?*

May I use your bathroom?

（お手洗いを使ってもいいですか？）

お願いを引き受ける時

🔊 018

● お願いを引き受ける時

Sure / Of course.

（いいよ・もちろん）

No problem.

（問題ないよ）

I'd be happy to help you.

（喜んでお手伝いします）

● お願いを断る場合

Sorry

（ごめんなさい）

I'm afraid I can't.

（申し訳ないけどできないです）

Unfortunately, I'm not able to help you right now.

（申し訳ないけど今はお手伝いできません）

LIKEN

🔊 019

例える

● 夢を語るときに使われるワード：

like...（〜に似た・〜のような）

She speaks like a native speaker.
（彼女はネイティブのように話します）

He looks like an actor.
（彼は俳優に似ている）

as if ...（まるで、〜であるかのように）

He was silent, as if meditating.
（彼はまるで瞑想をしているかのように静かだった）

I feel as if I'm spying.
（まるで監視しているような気分だ）

She continued as if nothing happened.
（彼女はまるで何も起きなかったかのように続けた）

such as... （～といった）

I love sweets, such as cupcakes and chocolates.

（カップケーキやチョコレートといった甘いものが好き）

I want to have exotic food tonight such as Vietnamese food or Mexican food.

（今夜はエキゾチックな食べ物が食べたいな。例えば、ベトナム料理とかメキシコ料理とか…）

AGREE

🔊 020

賛成する

Right. / You're right.
（あなたは正しい）

Of course.
（もちろんです）

I agree. /
I agree with you.
（同意します）

I completely agree
with you.
（完全に同意します）

I agree with that.
（それに同意します・それに賛成です）

Totally!
（本当にその通り！）

I couldn't agree more.
（その通りです）

Sounds good.
（いいですね）

That's perfect.
（完璧です）

I feel the same way.
（同感です）

Now you are talking.
（そうこなくちゃ）

I partly agree.
（部分的には賛成です）

DISAGREE

🔊 021

反対する

That is wrong.
（それは違います）

You're completely wrong.
（完璧に間違っています）

I do not agree.
（同意できません）

I disagree with that.
（それには同意できません）

I'm against that.
（私は、まったくもって反対です）

I don't think so.
（そうは思いません）

REASONS

理由を聞く

Why?

（なんで？）

How come?

（どうして？）

※Why? より少し丁寧な聞き方。

What makes you say so?

（なんでそんなこと言うの？）

What for?

（なんのために？）

What is the reason?

（どうして？）

※直訳：理由はなに？

Could you tell me why?

（どうしてか教えてくれる？）

Is there any reason?

（何か理由があるの？）

Notes:

What makes you say so?

"makes"は「○○させる」という意味で使われています。

直訳：
「何がそう言わせてるの？」

ASK AGAIN

🔊 023

聞き直す

カジュアルな表現

What?

（何？）

What did you say?

（なんて言ったの？）

丁寧な表現

I'm sorry?

Pardon?

Excuse me?

（なんでしょうか？）

Could you repeat that please?

（もう一度お願いします/もう一度言っていただけますか）

Notes:

聞き直す場合の Excuse me? は、相手の言動に対して「はい？！」という表現を上品に「失礼ね！」「失敬な！」のような意味の時に使います。＊顔は真剣に、冷静に言うことで、迫力が増します。

一方、カップルや親しい人たちの間の微笑ましいやり取りでも使います。

例
恋人からジョークで気にさわることを言われたときに一言…
Excuse me?
（今なんて言いました？）

APOLOGISE

◀)) 024

謝る

● カジュアルな表現

Sorry!
（ごめん！）

I'm sorry. / My apologies.
（ごめんなさい）

● 丁寧な表現

I am sorry.
（申し訳ありません）

■ *I am sorry for ～.* （～して、ごめんなさい）

I am sorry for making a mess.
（散らかしてしまってごめんなさい）

■ *I am sorry about ～.* （～についてお詫びします）

I am sorry about yesterday.
（昨日のことについて、お詫びします）

■ *I apologise for ～* （～についてお詫びします／～してすみません）

I apologise for the late reply.
（お返事がおそくなり、すみません）

CONFIRMATION

025

確認する

● カジュアルな表現

Can I check?

(～を確認させて)

Can I check if this is right?

(これで正しいか確認させて?)

■ *Do you mean～?/So you mean～?*

(～っていうこと?)

So you mean that you will go for a year?

(つまり1年間行くっていうこと?)

Could you double check?

(もう一度確認してくれる?)

Could you double check if that's correct?

(それが正しいかもう一度確認してくれる?)

丁寧な表現

■ *May I confirm～*

（～を確認させてください）

May I confirm my reservation?

（予約を確認させてください）

■ *Could I make sure that～*

（～を確認させてください）

Could I make sure that everything, is OK?

（全部あるか確認させてください）

■ *I would like to know if～*

（～を確認させてください）

I would like to know if I could attend?

（出席・参加できるか確認させてください）

CONCLUDING

🔊 026

話をまとめる

■ *The point is...*

（要点は…）

The point is, we need to finalise this.

（要点は、これを完成させないといけないということ）

■ *Anyway...*

（とにかく…）

Anyway, you really should tell him.

（とにかく、絶対に彼に言うべき）

■ *In other words...*

（言い換えれば／つまり…）

In other words, I like it...

（言い換えれば、私はそれが好きってこと…）

■ *Long story short...*

（要するに・長い話を短くまとめると）

Long story short, my favorite flower is rose.

（要するに、私の好きな花はバラなの）

■ *The bottom line is...*

（要するに・つまり）

The bottom line is the plan needs revision.

（要するに、計画は見直しが必要だ）

GIVING ADVICE
アドバイスをする

アドバイスをするときは「I think you should」「Why don't you」「If I were you, I would」のどれかで会話を始めましょう。

「I think you should ○○」は、「○○した方がいいと思うよ」というニュアンス。

"I think"（私はそう思う）をつけることで、"you should"（やるべき）というフレーズが柔らかい響きになります。

「Why don't you ○○」は、少し遠まわしに「○○ してみたらどうかな」とアドバイスをするときに使い、疑問形を使って、相手にそのアドバイスについて考えてもらうことができます。

「I would」は、誰かにアドバイスを求められたとき、相手の立場を想像し、「私なら○○ する」というようなフレーズ。

アドバイスの内容が相手により伝わります。

Sample Sentences

例1：

I think you should tell him the truth.
（彼に本当の事を言ったほうがいいと思うよ）

Why don't you tell him the truth?
（彼に本当の事を言ってみたら？）

I would tell him the truth.
（私だったら彼に本当の事を言うと思う）

例2：

I think you should drink more tea, instead of coffee from now on.
（これからはコーヒーじゃなくてお茶にした方がいいと思うよ）

Why don't you drink more tea, instead of coffee from now on?
（これからはコーヒーじゃなくてお茶にしてみたら？）

I would drink more tea, instead of coffee from now on..
（私だったら、これからコーヒーじゃなくてお茶にするかな）

Chapter 1
SIMPLE DAILY ENGLISH

Part 2

様々なシーンで使える
シンプルフレーズ

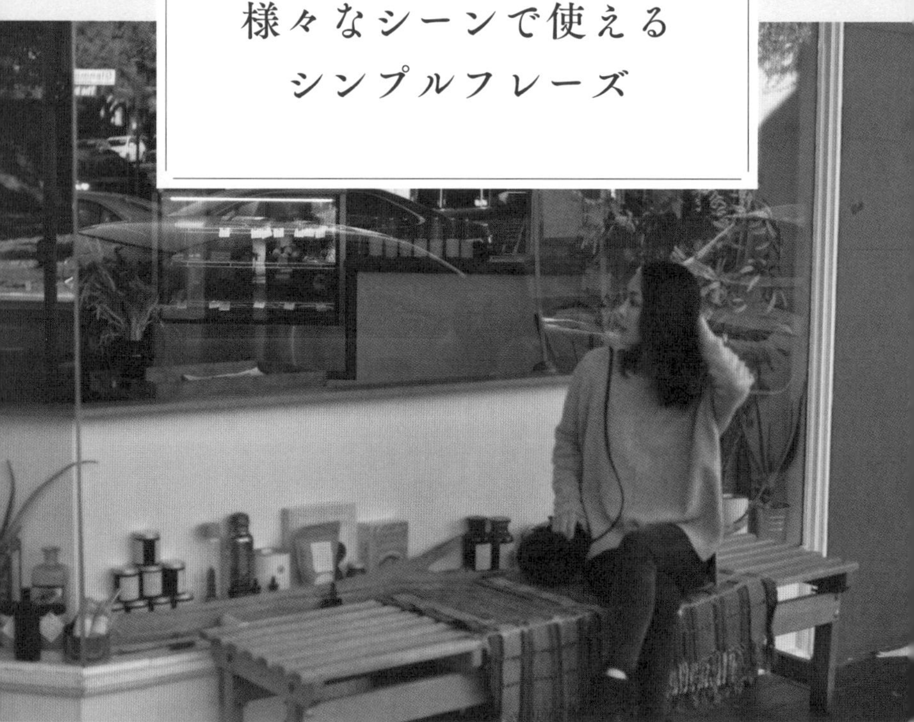

WEATHER TALK

🔊 028

天気の話

天気の話でスモールトーク（small talk）をスムーズに。
スモールトークとは、ちょっとした世間話や雑談のことを言い、
英語では日本語以上にこのスモールトークが大事なのです。

※ WEATHER TALKは何を話せば良いかわからないときの、“つなぎの会話”という意味もあります。

● 天気がいい・暖かい日

So sunny!
（とっても天気！）

It’s hot today.
（今日暑いですね）

It’s nice and warm.
（暖かくて良いですね）

What a lovely day.
（なんて素敵な日）

The sun is out.
（太陽が出てる）

I love the weather!
（今日の天気大好き！）

It’s nice and breezy!
（そよ風がいい感じ！）

Oh how beautiful!
（あ〜なんて気持ちいいの！）

How nice is it today?
（今日本当に良い感じよね）

I thought it was going to rain.
（雨が降ると思ってた）

● 天気が悪い・寒い日

It's so cold today.
（今日本当に寒い）

It's a bit chilli today.
（今日肌寒い）

It's super cloudy.
（すごく曇ってる）

It's so gloomy today.
（今日どんよりしてるわね）

It's so windy outside.
（外、風がとても強いわね）

It's going to rain.
（雨降るわね）

The weather is crazy!
（変な天気！）

It's hailing/snowing!
（雹・雪が降ってる！）

It might rain later.
（後で雨降りそう）

I miss summer!
（夏が恋しい！）

I miss warm weather.
（暖かい気候が恋しい）

I wish it is summer already.
（もう夏だったらいいのに）

I hope it gets better.
（（天気が）良くなるといいわね）

Notes:

＊It'sで始まる文の最後に「isn't it」を添えることで、「〜よね？・〜ですよね？」というニュアンスに。
It's nice today isn't it.
（今日暖かいよね）

OPENER

声をかける

029

● 偶然知り合いに会ったとき

Hey! / Hi! / Hello! / Hi there!

※シンプルな挨拶ワード

Well, hello!

※「あら、誰かと思ったら！」といったニュアンス。

Hi again.

（また会ったね）

What are you doing here?

（ここでなにしてるの？）

What a coincidence!

（偶然だね！）

Good to see you!

（会えてよかった！）

Where are you going?

（どこに行くの？）

Happy to see you!

（会えて嬉しい！）

How have you been?

（元気だった？）

Do you remember me?

（私のこと覚えてる？）

Good to see you again.

（また会えてよかった）

It's been a while.

（久しぶりですね）

Long time no see!

（もうずいぶん長いこと会っていなかったね）

Do you come here often?

（ここにはよく来るの？）

※Hey! や Hi there! 以外は目上の人にも使うことができます。

初対面・知らない人に声を掛けるとき

Excuse me.
(すみません)

What's your name?
(お名前は?)

Nice to meet you.
(はじめまして)

May I ask you something?
(お尋ねしていいですか?)

May I sit here?
(ここに座ってもいいですか?)

Is this seat taken?
(ここ空いてますか?)

Are you in line? / Are you waiting in line?
(並んでいますか?)

Have we met before?
(どこかでお会いしたことありますか?)

Do you need help?
(手伝いましょうか?)

Let me help you.
(手伝います。)

LIFE STYLE

030

生活習慣

● 午前の日課とシンプルフレーズ

What time do you wake up?

What time do you get up?

(朝何時に起きますか?)

I wake up at 7.

(7時に起きます)

I take a shower in the morning.

(朝シャワーを浴びます)

I watch the news.

(ニュースを見ます)

Do you eat breakfast?

(朝食はたべますか?)

I skip breakfast.

(朝食は食べないです)

I go to work.

(仕事に行きます)

I take the bus to work.

（バスで仕事に行きます）

※busの部分をtaxi、trainなどに

I ride my bike to work.

（自転車で仕事に行きます）

I drive to work.

（車を運転して仕事に行きます）

I start work at 9.

（9時から仕事です）

I check e-mails.

（メールをチェックします）

I have a meeting.

（ミーティングがあります）

I get my coffee fix.

（コーヒーを飲みます）

※直訳すると「コーヒーを飲んで自分を直す」。
「コーヒーでシャキッとする」といったニュアンス。

● 午後から夜にかけての日課とシンプルフレーズ

Where do you go for lunch?

（ランチはどこに行かれますか？）

I take a nap.

（お昼寝します）

I finish work at 5.

（5時に仕事が終わります）

I get home at around 5:30.

（5:30くらいに帰宅します）

I usually buy dinner.

（普段夕飯は外で買います）

I usually cook dinner.

（普段夕飯は作ります）

I do the dishes.

（食後の片づけは私がします）

I take a shower before bed.

（寝る前にシャワーを浴びます）

I go to bed at 10.

（10時頃ベッドに入ります）

I fall asleep at 11.

（11時に眠りにつきます）

I always remember my dream.

（いつも夢を覚えています）

● 週末・お休みの日課とシンプルフレーズ

What do you do on the weekend?

（いつも週末はなにをしていますか？）

I do yoga.

（ヨガをします）

I go jogging.

（ジョギングに行きます）

I take the dog for a walk.

（犬をお散歩に連れていきます）

I go for a walk.

（お散歩します）

I go cycling.

（サイクリングに行きます）

I watch TV / netflix.

（テレビ/ネットフリックスを見ます）

I read books.

（本を読みます）

I go to the gym. / I work out.

（ジムに行きます・鍛えてます）

I go shopping.

（ショッピングに行きます）

I do my laundry.

（洗濯します）

I bake.

（お菓子を焼きます）

I sleep in.

（遅くまで寝ます）

I clean the house.

（家の掃除をします）

※日本語は全て敬語で表記していますが、目上の人にも親しい友だちにも使うことができます。

TRAVEL STORIES

◀)) 031

旅行の話

旅が大好き

I love/like traveling.
（私は旅が大好き/好きです）

I like traveling alone.
（私は一人旅が好きです）

I love to go to new places.
（新しい場所に行くのが大好きです）

I often travel to London.
（私はよくロンドンに行きます）

I'm a wanderlust.**

Notes:

**wanderlustは、直訳すると「放浪癖」ですが、「旅行願望」「放浪願望」があり、いろいろな所に旅行したいという強い気持ちを表すワードです。

*I'm a wanderlust（私はワンダーラスト）は、「私はいつも旅をしていたい」「私は旅が本当に大好き」というニュアンスを持ちます。

● ○○へ行ってみたい

I want to go to Greece.

（ギリシャに行ってみたいです）

I would love to go to Iceland.

（アイスランドにとても行ってみたいです）

I would like to go to Amsterdam next.

（次はアムステルダムに行ってみたいです）

● ○○へ行ったことがある

I went to Sydney last summer.

（去年の夏シドニーに行きました）

I have been to Macau many times.

（マカオには何回も行ったことがあります）

I have been to Hawaii twice.

（ハワイには2回行ったことがあります）

My favorite place is Australia.

（私のお気に入りはオーストラリアです）

○○へ行ったことがない

I have been to Vancouver but not Toronto.

（バンクーバーに行ったことはありますが、トロントはありません）

I have never been to Germany.

（ドイツには行ったことがありません）

旅に関する質問

Do you like traveling?

（旅は好きですか？）

Where do you want to travel?

（どこへ旅行したいですか？）

Where is your favorite destination?

（どこがお気に入りですか？）

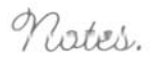

Notes.

What is your favorite country（あなたの一番好きな国はどこですか？）と質問するより洗練された聞き方です。
Destination（行き先）に置き換えることで、「お気に入りの旅行先はどこですか？」というニュアンスになります。

What countries have you been to?

（どこの国に行ったことがありますか？）

Where did you go on your last trip?

（一番最近はどこへ行きましたか？）

Tell me about your trip.

（どんな旅だったか教えてください）

Where is your favorite place?

（一番好きな場所はどこですか？）

How was your trip?

（旅行はどうでしたか？）

Who did you go with?

（誰と行きましたか？）

How long did you stay there?

（どのくらい行かれてましたか？）

What is it like in New Zealand?

（ニュージーランドはどんな場所ですか？）

DREAM

🔊 032

夢を語る

● 夢を語るときに使われるワード：

dream（心に描く）

What is your dream?
（あなたの夢はなんですか？）

My dream is to live in Australia.
（私の夢はオーストラリアに住むことです）

Do you have a dream?
（夢はありますか？）

Yes, my dream is to become a film director.
（はい、私の夢は映画監督になることです）

wish（望む）

What do you wish to be in the future?
（夢はありますか？／将来、何になりたいですか？）

I wish to be an entrepreneur.

（起業家になることが私の望みです）

want to be （なりたい）

What do you want to be when you grow up?

（大きくなったら何になりたいですか？）

I want to be a dancer.

（私はダンサーになりたいです）

want to （したい）

What do you want to do?

（あなたは何がしたいですか？）

I want to start my own business.

（自分のビジネスを始めたいです）

hope（望む・希望）

What do you hope for?
（何を望んでますか？）

I hope to become more fluent in English.
（英語をもっと流暢に話せるようになることを望んでます）

goal（目標）

What is your life goal?
（あなたの人生の目標は何ですか？）

My goal is to become a famous novelist.
（私の目標は有名な小説家になることです）

I'd like to(go) (～したい（行きたい))

Where would you like to go?
(どこへ行きたいですか？)

I'd like to go to Amsterdam.
(アムステルダムに行きたいです)

What do you want to eat?
(何が食べたいですか？)

I'd like to eat a burger.
(バーガーが食べたいです)

ambition (野心)

What's your ambition?
(あなたの野心は何ですか？)

My ambition is to start a new life in Tokyo.
(私の野心は東京で新たな人生をスタートすることです)

REMEMBER

🔊 033

思い出す

remember (思い出す)

I remember this place.
(この場所、覚えてる)

Do you remember what happened?
(何があったか思い出せる?)

remind(s) (思い起こす)

This song reminds me of my high school days.
(この曲を聴くと、高校生の時のことを思い出す)

Does this remind you of something?
(これ見て何か思い出す?)

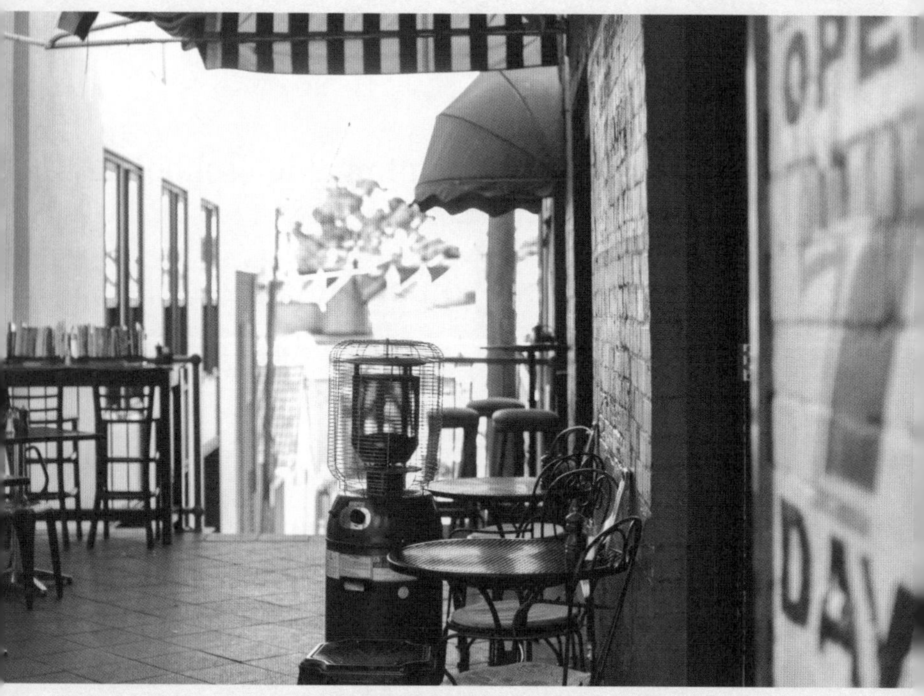

recall (想起・思い起こす)

I am trying to recall my memory.
(思い出そうとしてるの)

Can you recall what happened?
(何が起きたか思い出せる?)

think back (振り返る)

Think back to your childhood.
(子供の頃を思い出して)

cross my mind (頭をよぎる)

It just crossed my mind.
(ふと思い出した)

Did that thought cross your mind?
(そのことを思いつかなかった?/その考え方を思いついた?)

あの頃を懐かしがる・思い出す

take me back（過去に連れ戻される）

This smell takes me back to Australia.

（この香り、オーストラリアにいた頃を思い出す）

I miss（懐かしい・恋しい）

I miss the days when I was in the United States.

（アメリカにいた頃が懐かしい）

nostalgic（郷愁に満ちた・懐かしさ）

Visiting my old school has made me feel nostalgic.

（昔通っていた学校を訪れた時は本当に懐かしい気持ちになった）

bring back memories （思い出が蘇る・こみ上げる）

It brings back memories of my grandmother.
（祖母の記憶（思い出）がこみ上げる）

This place brings back a lot of happy memories.
（この場所はたくさんの良い思い出を蘇らせてくれる）

have fond memories of ～ （いい思い出がある）

I have very fond memories of my college days.
（大学生活の良い（懐かしい）思い出がある）

THINGS I LIKE

🔊 034

好きなこと

● 好きなことを問う

What do you like?

(あなたは何が好き?)

What is your favorite food?

(一番好きな食べ物は何ですか?)

What do you love to do the most?

(何をするのが一番好きですか?)

● シンプルに「好き」なことを伝える

I like ～ (「～が好き」とシンプルに言うとき)

I like **reading books.**

(本を読むことが好きです)

I like **visiting art galleries.**

(美術館に行くのが好きです)

I love 〜 （「〜が本当に好き」というニュアンス）

I love traveling.
（旅をするのが大好きです）

I love going to the movies.
（映画館に行くのが大好きです）

I'm a big fan of 〜

（直訳すると、「〜の大ファンです」。とっても好きなことを伝えるときに使います。）

I am a big fan of soulful music.
（ソウルフルミュージックのファンです）

I'm a big fan of his.
（彼の大ファンです）

FOOD AND DRINK

035

食べ物の話

● 食べ物について聞く

What is your favorite food?
（一番好きな食べ物は何ですか？）

Do you like sweets?
（甘いものは好きですか？）

What is your favorite dessert?
（あなたの好きなデザートは何ですか？）

Do you often eat out?
（よく外食しますか？）

Do you cook?
（料理はしますか？）

Which do you prefer, Japanese or Italian food?
（日本食かイタリア料理、どちらの方が好きですか？）

What do you usually eat for breakfast?
（あなたは普段朝食に何を食べていますか？）

Have you tried sukiyaki before?
（スキヤキを食べた事がありますか？）

Are there anything you cannot eat?

（食べられない物はありますか？）

Do you eat 3 times a day?

（一日3食食べますか？）

Are you a vegan?

（あなたはビーガンですか？）

● 普段の食事

I usually eat bread in the morning.

（私はたいてい、朝食にパンを食べています。）

I eat breakfast every day.

（朝ご飯は毎日食べます。）

I eat out almost every day.

（ほとんど毎日外食します。）

I am a good cook.

（私は料理が得意です。）

I do not like cooking.

（私は料理があまり好きではありません）

I like baking cakes.

（私はケーキを焼くのが好きです）

I usually skip breakfast.

（私はいつも朝食を抜きます。）

● ウェルネスを意識した食事・好きな食物

I like to eat healthy.

（身体に良いものを食べるのが好きです）

I am very health conscious.

（私は健康を心がけてます）

I prefer fish over meat.

（肉より魚が好きです）

I make green smoothies every day.

（毎日グリーンスムージーを作っています）

I try to eat avocado every day.
（毎日アボガドを食べるようにしてます）

I stay away from junk food.
（身体に悪い食ものは食べないようにしてます）

I choose to eat organic food.
（オーガニックなものを食べるように心がけてます）

I buy gluten free bread and pasta.
（グルテンフリーのパンやパスタを買ってます）

I love ethnic food the most.
（私の最も好きな食べ物はエスニック料理です。）

My favorite food is pho.
（私の好きな食べ物はフォーです。）

I like sushi too.
（寿司も好きです。）

I eat sushi once a week.
（私は一週間に一回寿司を食べます。）

SARCASM

🔊 036

皮肉

● シンプルで上品に皮肉を言う

very funny... (funny...)

（とってもおもしろいね）

※相手の話がつまらなかったり、不愉快だったりするとき、なげやりな乾いた感じで言うと少し嫌味っぽく聞こえる。

thanks...

（はい、どうも）

※何か気に障るようなことをされたときに、さらっと乾いた感じで。例えば誰かが間違えて、自分の私物を落としてしまったときや、気に障ることを言われたときに一言。

well done...

（よくやった）

※誰かが間違えた時に皮肉っぽく一言。

how about 'no'...

（noはどうかしら）

※しつこい人に対して皮肉っぽく断りたいとき、落ち着いた感じで言う一言。

Well, what a surprise.

（あら、驚きだね）

※相手に注意をしたにもかかわらず、何かをやらかした時に使う。

NOT INTERESTED

🔊 037

オシャレに断る

● 初対面のナンパや誘ってくる男性をオシャレに断る！

面白おかしく響くセンテンスばかりですが、すべて真顔で言うことがポイント！

相手を怒らせずにきっぱりと断れて、相手もすんなりとあきらめてくれるようなユーモアのある表現。

※「今からどこかに行かない？」などと誘われたとき、さらっと、真顔で…

Sorry I can't, I have to walk my unicorn.

（ごめんなさい、今からペットのユニコーンをお散歩に連れて行くので…）

Sorry, I can't. My aunt's fish died and yes, it was tragic.

（ごめんなさい、叔母さんの魚が死んでしまって、とても大変で…）

Although it would be nice, maybe not in this life time.

（良いアイディアかもしれないけど、今世では無理です…）

※名前を聞いてきたり、色々と話しかけてくる人に対して、落ち着いた感じで…

I'm sorry, but I need to focus on myself right now.

（ごめんなさい、今は自分に集中をしないといけないので…）

My palm reader said not to talk to strangers this week.

（占い師に、今週は知らない人と話さないようにと言われてるので…）

I love your approach, but unfortunately I'm seeing someone.

（あなたのアプローチ好きよ…　でも私には彼がいるの。）

※断ってもしつこく話してくる人に対しては、下記を…（こちらはユーモアというよりも丁寧に上品に断る感じ）

I think you are a wonderful person, but I just don't feel any attraction for you.

（あなたは素敵な人だと思うわ…　でも私はあなたには惹かれない。）

IN LOVE

🔊 038

恋愛編〜短くて上品な恋愛フレーズ

● 好意をストレートに示すフレーズ

I like you.

（あなたのことが好き）

I think I like you.

（あなたのことが好きかも）

You know I like you?

（あなたのこと好きだって知ってる？）

I like your smile.

（あなたの笑顔が好き）

You're very special.

（あなたは特別だよ）

Notes:

There's something about you.
（あなたのことがとても気になる）は、直訳すると「あなたについて何かがある」になりますが、気になる異性にちょっとしたアピールをしたいときに使えるいい感じのフレーズです。

一番近いニュアンスは、「あなたに魅力を感じる」と言ったところ。

I'm attracted to you.
（あなたに魅かれてる）

I'm drawn to you.
（あなたに魅かれてる）

I enjoy being with you.
（あなたといると楽しい）

I like you more than a friend.
（あなたのこと友だち以上に好きだよ）

I'd like to know more about you.
（もっとあなたのことを知りたい）

There's something about you.
（あなたのことがとても気になる）

I want to spend more time with you
（もっとあなたといたいな）

● 誘いフレーズ

Are you free this weekend?

(今週末空いてますか?)

Do you have some time this week?

(今週いつか空いてますか)

Let's go for coffee.

(お茶しに行きましょう)

Let's have coffee next time.

(今度お茶しましょう)

Do you want to go for dinner ?

(ご飯食べに行きませんか?)

Shall we try it together?

(一緒にトライしてみない?)

※新しくオープンしたバーやレストランに誘う時など

Would you like to go with me?

(私と一緒に行かない?)

I want to go there. Let's go together!

（そこに行きたいです。一緒に行きましょう！）

● 誘われたときのレスポンス

Sure. ※直訳は「もちろん」、「いいよ」と素敵な感じの答え方。

（いいですよ）

Sounds great.

（いいね・そうしましょう）

Yeah, I'd love to.

（もちろん、よろこんで）

Sorry, I'm busy that day.

（ごめんね、その日は忙しいの）

Sorry, I have plans that day.

（ごめんね、その日は他の用事があるの）

● 初デートでよく使う質問フレーズ

What's your favorite number?

(一番好きな数字は何?)

What kind of movie do you like ?

(どんな映画が好きですか?)

What's your favorite food?

(一番好きな食べ物は何ですか?)

What do you feel like eating?

(何が食べたい気分ですか?)

Have you seen any good movies lately?

(最近何か面白い映画見ました?)

Do you have any favorite actors or actresses?

(好きな俳優や女優はいますか?)

What do you do on the weekend?

(週末はいつも何をしてるの?)

● 好きな人を褒めるフレーズ

You're really talented.

（あなたは多才な人だよね）

You make me smile.

（あなたのおかげで笑顔になれる）

I love your smile.

（あなたの笑顔が好き）

So sweet of you...

（優しいのね…）

※何か優しさを感じることをしてくれた時に

You have beautiful eyes.

（あなたの瞳とても綺麗）

You're such a gentleman.

（あなたは本当にジェントルマンよね）

With you I feel like a real lady.

（あなたといると自分が女性であることをとても実感するわ）

● 恋人に使うシンプルな愛情表現フレーズ

I love you.
（愛してるよ）

I miss you.
（あなたが恋しい）

I treasure you.
（あなたを大切に思ってる）

Be mine forever.
（ずっと私のものでいて）

I'm yours forever.
（私は永遠にあなたのものよ）

I'm in love with you.
（あなたを愛してる）

You're the world to me.
（あなたは私の全て）

I can't live without you.
（あなたなしでは生きられない）

I can't stop thinking of you.
（あなたのことが頭から離れない）

I'm under your spell.
（あなたに魔法をかけられたみたい）

You take my breath away.
（息ができないくらい好きだよ）

I'm head over heels for you.
（あなたにぞっこん）

I wish you were here.
（あなたがここにいたらいいのに）

I can't live without you.
（あなたなしでは生きられない）

You're the love of my life.
（あなたは私の人生最愛の人）

I love you just the way you are.
（ありのままのあなたを愛してる）

Until now I have been looking for you.
（今まであなたを探し続けていたよ）

Chapter 1
SIMPLE DAILY ENGLISH

Part 3

旅先でとても役立つ シンプルフレーズ

カフェ・レストラン｜ショッピング｜ホテル｜スパ｜機内｜タクシー｜他

CAFE & RESTAURANT

カフェやレストランで

🔊 039

● 席に座る前のフレーズ

Table for 2 please.

（2人です）

We have a reservation at 7, under the name of Yamada.

（7時にヤマダの名前で予約してます）

Could we sit over there?

（あそこに座ってもいいですか?）

I would like a table with a view.

（景色が見える席をお願いします）

I would like a table by the window.

（窓席でお願いします）

Notes:

TRAVEL SCENE ENGLISH

■ IMPORTANT NOTE!

海外で何か聞きたい時、言いたい時、“can I” や “can you” の代わりに、May I・Could I（〜していいですか?）、I would like（〜をお願いします）やCould you（〜してもらえますか?）を使うとより素敵な響きに。

● 注文フレーズ

We are ready to order.

※ 直訳すると「注文する準備ができました」で、
「注文をお願いします」と同じニュアンス。

Could you take my order?

（注文お願いします）

I'll have this one.

（これをください）

Could I get a carrot cake.

（キャロットケーキをください）

Could I get 2 carrot cakes.

（キャロットケーキを2つください）

I'd (I would) like a green smoothie.

（グリーンスムージーにします）

Could I have some water?

（お水をいただけますか？）

Make that two please.

（それを2つお願いします）

Do you have a bowl of rice?

（ライスはありますか？）

That's all.

（以上です）

注文が決まっていない時

I need a little more time. （もう少し時間をください）

Sorry, still deciding.
（すみません、まだです） ※still deciding＝まだ決めている最中

オススメを聞きたい時

What is nice?
（何が美味しいですか？）

What do you recommend?
（何かオススメはありますか？）

What's your most popular dish?
（一番人気なメニューは何ですか？）

お会計とその後のフレーズ

Could I get the bill?
（お会計してください）

The food was amazing!
（とても美味しかったです）

It was lovely!
（最高でした！）

♥ 他にも使えるフレーズ

Where is the restroom?

（お手洗いはどこですか？）

※お手洗いは「washroom」や「bathroom」とも表現します。

Can I have a to-go box (take away container), please?

（持ち帰りの箱をもらえますか？）

※持ち帰り用の箱はアメリカでは「to-go box」、オーストラリアなどでは「take away container」と言います。
欧米にはボリュームのあるものが多いので、食べきれなかった場合は遠慮せずに聞いてみましょう。

SHOPPING

🔊 040

ショッピングをしている時

英語圏でお店に入ると、Helloとよく声を掛けらます。
日本の「いらっしゃいませ」と同じですが、
海外では話しかけられたら返事をするのが一般的です。
下記は旅行先でショッピングをしているときに使える英語のフレーズです。

● バリエーションを持たせたい時に使う相槌

お店に入ると、店員さんは以下をよく言います。

Hello, how are you?

(こんにちは。調子はいかがですか?)

このように聞かれたら、下記のようにシンプルに答えましょう。

Hi, I'm good! Yourself?

(こんにちは!調子良いですよ、あなたは?)

Good thanks!

(調子良いです!)

お店を見ていると、こんなことも聞かれます。

Hi, are you looking for something?

Are you looking for anything in particular?

(何かお探しですか?)

特に何も探していなければ下記のようにシンプルに答えましょう。

Just looking thanks.

I'm just browsing.

(ただ見ているだけです)

※「ただ見ているだけです」は日本語だと冷たく聞こえますが、声のトーンを明るくすれば、そのようには聞こえないのでご心配なく。

Just looking around, thank you.

（見ているだけです）
※わりと丁寧な言い方です。

店員さんに

Let me know if you need anything.

（何か必要だったら教えてくださいね）

と言われたら、下記のようにシンプルに答えましょう。

Yes, I will. Thank you!

（はい、そうします。ありがとう！）

● 探しているものがある場合

I'm looking for a maxi dress.

（マキシドレス［ワンピース］を探しています）

■ *Do you have ○○ ?* （○○はありますか？）

※ youというと、店員さん１人に対しての質問に聞こえますが、このyouはお店全体を指します。

色やサイズ違いの商品があるかどうかを聞く時は、下記のフレーズを使いましょう。

Do you have this in red?

（これの赤はありますか？）

Do you have this in medium?

（これのMサイズはありますか？）

● 試着をしたい時

May I try this?

（試着してもいいですか？）

Where is the fitting room?

（試着室はどこですか？）

● 試着をした後に使うフレーズ

It didn't fit.

（サイズが合いませんでした）

It was too big / small / long / short.

（大きすぎ／小さすぎ／長すぎ／短すぎでした）

試着してみたけど、買おうか迷っている場合には、

I'll think about it.

（ちょっと考えてみます）

● 他にも知っておきたいフレーズ

How much is this?

（これはいくらですか？）

May I have a look at the one in the window?

（ウインドウに飾ってあるものを見せてください）

Could you wrap this as a gift?

（プレゼント用に包んでもらえますか？）

HOTEL

🔊 041

ホテルステイで使える英会話

ホテルのチェックインでは日本語ができる人がいたり、お決まりの
コミュニケーションなので、あまり困るようなことはないと思いますが、
お部屋で何かが無かった時など問題が起きることってありますよね。
そんな時に使えるフレーズを覚えておきましょう。

● お部屋に備品がないとき/そろっていないとき

■ *There is no* ○○. (○○がありません)

There are no coat hangers.

(コートハンガー(複数の)がありません)

※1つだけ無い場合はareを isに変えて、「hangers」の「s」をとります。

Can I get some toilet paper?

(トイレットペーパーを持ってきてください。)

● 何かが壊れているとき

My air-conditioner is broken.

(エアコンが壊れています)

The hair dryer is broken.

(ヘアドライヤーが壊れています)

その他

Could you clear the dishes, please?

（食器を下げてもらえますか？）

Would you tell me how to use the alarm clock, please?

（目覚まし時計の使い方を教えてください）

Could you please make up my room?

（部屋の掃除をしてもらえますか？）

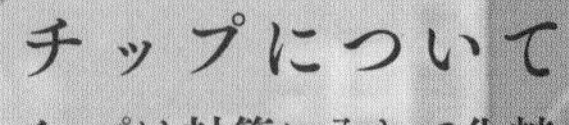

チップは封筒に入れて化粧台や枕の上に置きます。

ハウスキーパー宛てのものとわかるように、封筒には "housekeeping" と記しておきましょう。

封筒の中にメモ書きで、「Thank you for doing such a great job on the room. We really appreciate it!」

（素晴らしい仕事をしてくれてありがとう。とても感謝してます。）という一文を添えておくことで、感謝の気持ちがより伝わります。

SPA

🔊 042

スパやマッサージで使える英会話

旅先の移動で疲れた身体を、ゆっくりと癒してくれる
スパやマッサージ。細かい要望を英語で言えることができれば、
より満足のいく時間を過ごすことができます。

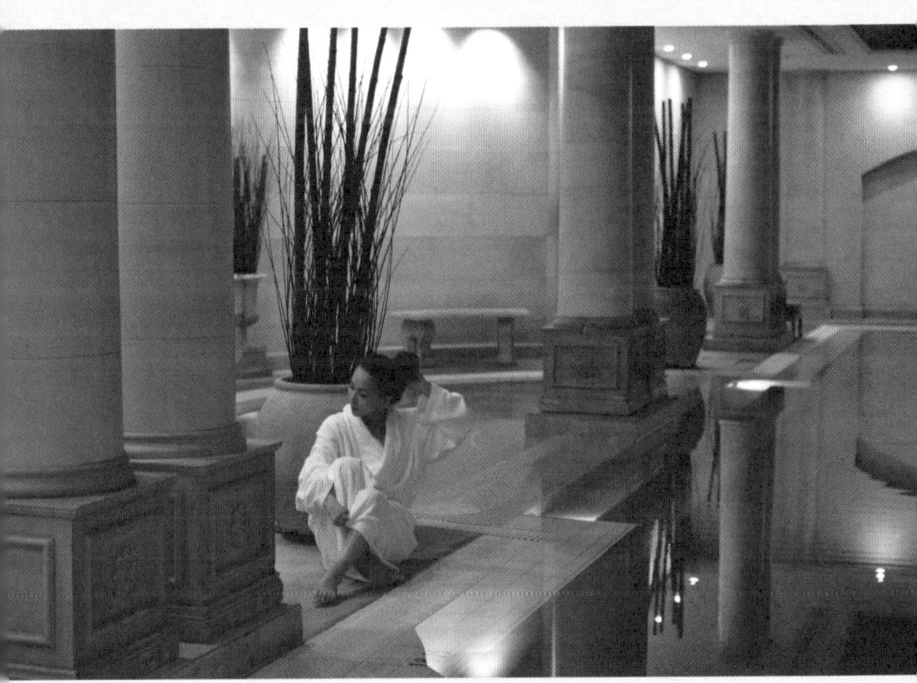

旅行先でスパやマッサージに
訪れた際に使える英語のフレーズです。

● 治療前

おすすめを聞いてみたり、自分の症状を伝えるときに使えるフレーズ

Which treatment do you recommend?
（どのコース・トリートメントがおすすめですか？）

I have a stiff shoulder.
（肩が凝ってます）

My neck really hurts.
（首がとても痛みます）

My legs are very tired.
（足が疲れてます）

I would like the most relaxing treatment.
（一番リラックスできるコース・トリートメントがいいです）
※“the most は”一番という表現をするときによく使われます

● 治療中

集中的にマッサージしてほしい場所や加減などのリクエストは、

■ *Concentrate on...* (…を使う)

Could you please concentrate on my neck and shoulder?

(首と肩まわりを集中的にお願いできますか?)

※ 腰まわりは "lower back"、肩と腰の間は "upper back"といいます

● 加減を伝える

It's a little too strong.

(ちょっと強いです)

More strongly, please.

(強めにお願いします)

It hurts a little.

(ちょっと痛いです)

It feels so good.

(気持ちいい)

ON THE PLANE

🔈 043

機内でよく使う短い英語のフレーズ

クルーが何を言っているのかわからないときは、
Sorry? または Pardon? と聞きます。

何かをもらいたいときは、”May I..?” “Can I…?”
“Could I/you…?” を上手に使います。

May I have another blanket/pillow?

（毛布／枕をもう1枚もらえますか？）

May I have my meal later?

（後で食事をいただけますか？）

Can I have some water, please?

（少し水をもらえますか？）

Could you take this away, please?

（これを下げてもらえますか？）

窓の席から人の前を通り通路側に行きたいときは、

Sorry.
（すみません）

または、

May I get through?
（通ってもいいですか?）

と言います。

● 何か問題があるとき

My screen is not working.
（スクリーンが起動しないです）

My headphones are not working.
（ヘッドホーン／イヤホーンの調子が悪いです）

I'm afraid you're in the wrong seat.
（席を間違われていると思います）

TAXI | CAB

🔊 044

タクシーで使う短い英語のフレーズ

タクシーに乗り込むときは、Hi や Hello にさらに How are you? のように一言加えましょう。

● 大きな荷物があるとき

Could I put my luggage in the trunk?
(トランクに荷物を入れてもいいですか?)

Could you help me with my suitcase?
((スーツケースを積むのを)手伝っていただけますか?)

● 行き先を告げる

Could you take me to this address?
(この住所まで行ってもらえますか?)

Could you take the highway please?
(高速道路を通ってください)

● 所用時間・料金を聞く

How long does it take to get there?
（そこまでどれくらい時間がかかりますか？）

How much will it be to the airport?
（空港までいくらですか？）

Is there a toll?
（通行料はかかりますか？）

● 要望を伝える

スピード

I am in a hurry. Could you hurry a little bit？
（急いでいます。少しだけ急いでもらえますか？）

Could you please slow down a little?
（少しスピードを落としてもらえますか）

立ち寄りたい

I'd like to stop by the post office.
（郵便局に寄っていただけますか？）

I will be right back.
（すぐに戻ってきます）

1か所以上の場所に行きたい

We have 2 destinations.
（行き先が2ヶ所あります）

Could you first go to Central Station, then go to the airport, please?
（まず中央駅に行き、それから空港に行ってもらえますか？）

行き方を指示する

Keep on going straight please.
（真っすぐに行ってください）

Could you turn right (left) here?
（ここを右（左）に曲がってください）

Please make a right turn at the next light.

（次の信号を右に曲がってください）

Could you take this route?

（この道順で行ってもらえますか？）

着くころ・降りるとき

Are we almost there?

（もうすぐ着きますか？）

How much longer will it take?

（あとどれくらいで着きますか？）

Here is fine.

（ここで大丈夫です）

Please drop me off here.

（ここで降ろしてください）

Keep the change.

（お釣りはとっておいてください）

May I have a receipt, please?

（領収書をもらえますか？）

Notes:

タクシーを降りるときは、さらっと Thank you や Thanks so much、さらに Have a nice day（良い一日を）を一言添えると素敵です。

OTHERS

045

街角などでよく使う短い英語のフレーズ

Excuse me.

（すみません）

Sorry I don't understand.

（すみません、わからないです）

Sorry? / Could you say that again?

（もう一度言ってください）

Could you speak more slowly?

（ゆっくり喋ってください）

What is this place called?

（この場所はなんて言いますか？）

Got it!

（わかりました・理解できました）

You dropped this.

（これ落としましたよ）

Just a moment.

（ちょっと待ってください）

※ 何かを取り出すとき、少し待ってもらうとき、何かとよく使う表現。
最後に「please」を付けるとより丁寧に。

Could you write it down, please?

（書いていただけますか？）

※ 地名や価格などが聞き取れないときに、スマートフォンの
電卓画面や紙などを差し出ながらこう言えば確実。

Is there a restroom nearby?

（近くにお手洗いはありますか？）

※「Where is the toilet?」よりも上品な言い方

May I use the bathroom?

（お手洗いをお借りしてもいいですか？）

Could you take a picture of us?

（私たちの写真を撮ってもらえますか？）

※ 最後に「please」を付けて、より丁寧に。

Could you tell me where the cafe is?

（カフェの場所を教えていただけますか？）

※「Where is the ○○？」よりも丁寧な聞き方。

Chapter 1
SIMPLE DAILY ENGLISH

Bonus

旅先でとても役立つ会話のサンプル ～カフェ編～

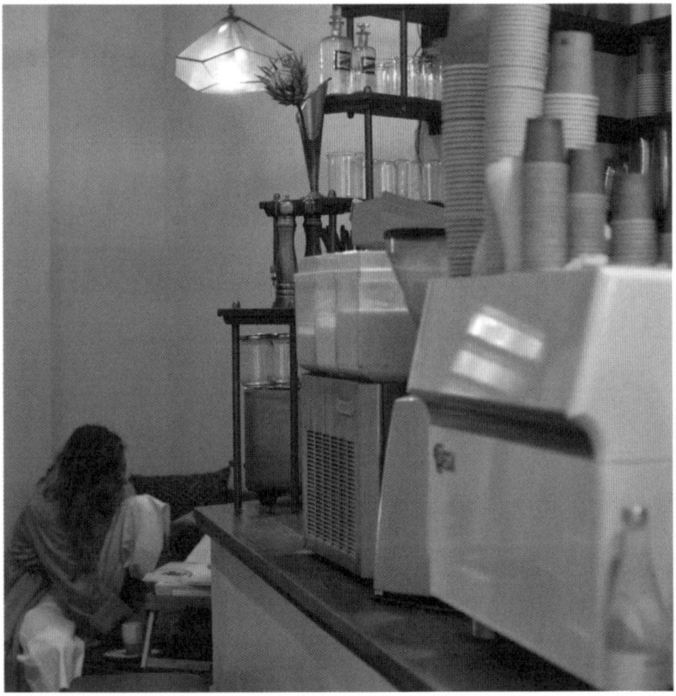

TRAVEL SCENE:

🔊 046

カフェで使えるスタイリッシュ英会話

海外にはおしゃれでヘルシーなカフェがたくさんあります。
そんな素敵なカフェに入ったときに
流暢な英語で注文ができたら、楽しいですよね。

GREETING（挨拶）

海外では、注文をする時に店員さんが “Hi, how are you?”
と気さくに挨拶をしてくれるのが一般的です。
注文する側も、以下のように簡単な返事をすれば完璧です。

Hi, I'm pretty good, how are you?
（こんにちは、とても良いですよ。ご機嫌いかがですか？）

Hi, I'm good, how about you?
（こんにちは、良いですよ。ご機嫌いかがですか？）

すると店員さんは、

I'm good too, thank you.
（私もとても良いですよ、ありがとうございます）

と注文へと会話は流れていきます。

※忙しい時間帯のカフェでは、挨拶抜きの場合もあります。
そういった時も、最初に “Hi” や “Hello” を注文する側もされる側も言うと素敵です。

ORDERING（注文を聞く）

以下はカフェで店員さんが注文を聞く時によく使う、定番フレーズです。

What can I get for you today?

（今日は、何にしましょうか？）

※"get"→注文する物を指している
※ "today" →初めて訪れたカフェでも使われます。

What would you like?

（何がよろしいですか？）

What can I get you?

（何にしましょうか？）

What would you like to order?

（ご注文は何がよろしいでしょうか？）

May I take your order?

（ご注文をとらせて頂いても宜しいですか？）

Are you ready to order?

（ご注文よろしいですか？）

ORDERING（注文をする）

Can I get a decaf latte?

（カフェイン抜きのラテ（カフェラテ）をもらえますか？）

Could I get a soy latte?

（ソイラテ（豆乳ラテ）をいただけますか？）

※ "Can I" を "Could I" に変えると、より丁寧な表現になります。

I'll have an espresso and a slice of banana cake please.

（エスプレッソとバナナケーキを一切れお願いします。）

※ "I'll have" は、"I will have" の短縮形

※ "espresso"のように、頭文字が母音（a, i ,u, e, o）の場合、"a"ではなく"an"になります。

※ ケーキは、"a slice of ～"（1切れの）や" two slices of ～"（2切れの）と言い、切る前の大きなケーキは、"a whole ～"（全部の）と言います

※ "please" は無くても通じます

I'd like an ice chocolate please.

（アイスチョコレートをいただきます。）

※"I'd like ～" は "I would like ～ "（～が欲しいです）の短縮形ですので、丁寧に聞こえます

May I have a glass of water too?

（水も一杯いただけますか？）

※水、ジュース、ワインなどのグラスに入った飲み物は、"a glass of ～"（一杯の～）、"two glasses of ～"（二杯の～）と言います。2杯以上は "glass" が "glasses" と複数形になります。

テーブル注文の際、先に注文を済ませた人と同じものを頼む時は、長い注文を言わなくても下記のフレーズを伝えればOK。

I'll have the same please.

（私も同じものをお願いします。）

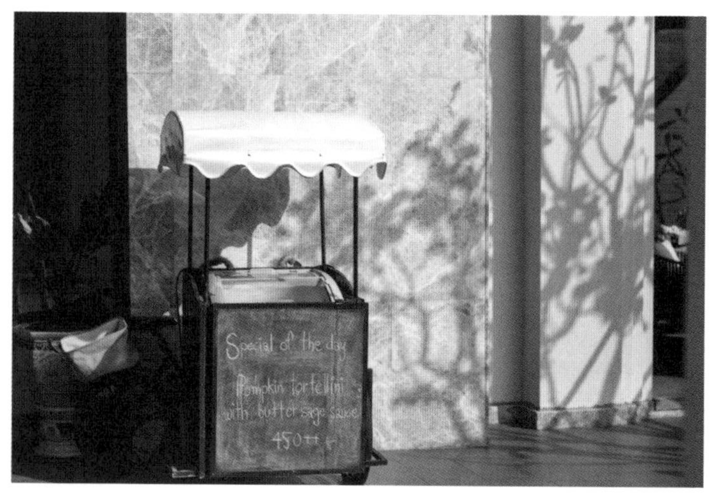

〈まとめ〉

"Can I get", "I'll have", "I'd like", "May I have"

これらが定番でスタイリッシュな注文フレーズです。

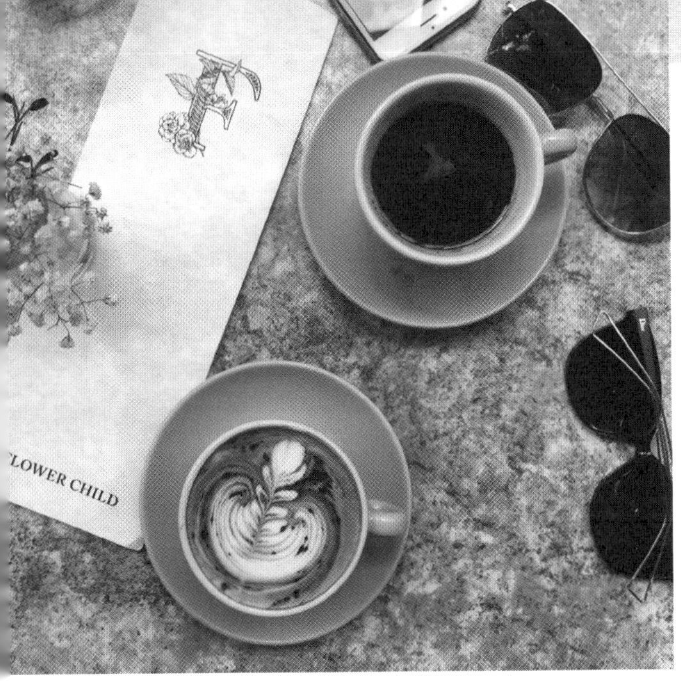

AFTER YOU ORDER（注文後）

注文を伝えた後に店員さんがよく使うフレーズ

Sure.

（もちろんです）

Certainly.

（かしこまりました）

What size would you like?

（どのサイズがよろしいですか？）

※Small、Medium、Largeなどと、サイズを言うだけでOK。

Anything else?

（他には何か？）

※よく聞かれるフレーズです。他にあれば、and a glass of water please. などと続けましょう。

他になければ、That's it. と言えばOK。

For here or to go?

To stay or to go?

（店内で召し上がりますか、それともお持ち帰りですか？）

※For here please. / To go please.（店内用にお願いします／持ち帰り用にお願いします）と返せばOK。

PAYMENT （お会計）

お会計時に店員さんがよく使うフレーズ

Your total is $6.50.

（合計で$6.50です）

以下のフレーズも覚えておくと良いです。

Do you accept credit cards?

（クレジットカードは使えますか？）

IN THE END （最後に）

支払い後に店員さんがよく使うフレーズ

Thank you. Have a great day.

（ありがとうございました！素敵な一日を！）

最後に注文側もシンプルに以下のように言いましょう。

Thanks, you too!

（ありがとうございます、あなたも素敵な一日を！）

海外には素敵なカフェがたくさんあります！

あらかじめこれらのフレーズを頭に入れておけば、店員さんが早口でも意味が理解しやすくなり、気持ちよくスタイリッシュに会話をすることができます。

Healthy Lifestyle

ヘルシー&おしゃれな海外カフェのメニュー解説編

ORGANIC TEAS 5.5

English
Earl grey
Peppermint
Reviver
Moroccan green

CHILLED DRINKS

Soft Drinks	4
Ginger Berr	4
Fresh Lemonade	4
Still Water	4
Sparkling Water	4

MOCKTAILS

Mango Mojito	9.5
Berry Mojito	9.5
Pomegranate Mule	9.5
FC Lemon or Peach Tea	8.5

FRESH JUICE 8

Orange

Tropical - Watermelon, pineapple & passionfruit

Green - Kale, celery & apple

Immunity - Orange, carrot, lemon & ginger

Juice your way + 1

SMOOTHIES & SHAKES
KIDS SIZE 6

Nutella Shake
(add coffee / peanut butter) + 1

Banana & Blueberry............8.5
Lychee & Mint Frappe........8.5

FLOWER CHILD

● こんなメニューも…

STRAIGHT UP OJ

Straight upは、水などで割らず、そのまま絞られたドリンクのこと。OJは、Orange juiceの略。

IMMUNE BOOSTER

Immune「免疫」とbooster「後押しする」。免疫力を高めてくれるドリンク。

DRINKS

COFFEE

Flower Child proudly uses The Grounds House Roasted Coffee

Seasonal Blends and Single Origins available for Filter and Espresso

Reg	4.5
Lrg	5.0
Extra shot, Decaf	.70c
BonSoy	.70c
MilkLab Almond	.70c
Lactose Free	.70c
Alternative Oat	.70
All black coffee	4.5 / 5.0

Other

Chai Latte	4.5 / 5.0
Sticky Masala Chai (soy)	6.5
Matcha Latte	6
Hot Chocolate	4.5/5.0
Affogato	7.5
Iced Latte	7.5
Iced Long Black	7.5
Iced Chai Latte	7.5
Iced Chocolate	7.5
Iced Mocha	8

FILTERED COFFEE

Moccamaster 6

A batch brewed filtered coffee resulting in a clean sweet cup of coffee. An excellent introduction to specialty coffee.

Cold Drip 8

An old Japanese method using the Oji cold drip tower. Cold filter water is set to drip over coffee grounds for up to 8-24 hours (depending on the batch) to deliver a brew that is rich in flavor and low in acidity.

STICKY MASALA CHAI

＊スパイスが強く効いた、ハチミツ配合のチャイ。

本来チャイは、ブラックティー、数種類のスパイス、甘味料、そしてミルクでできているドリンク。sticky（ベタベタした）なチャイは、ハチミツが入っていることが多い。masalaはインドなどで用いる香辛料やハーブを混合したもの。

Chapter 2
CONNECTING WORDS

英会話上達の鍵は「繋ぎ言葉」だった！

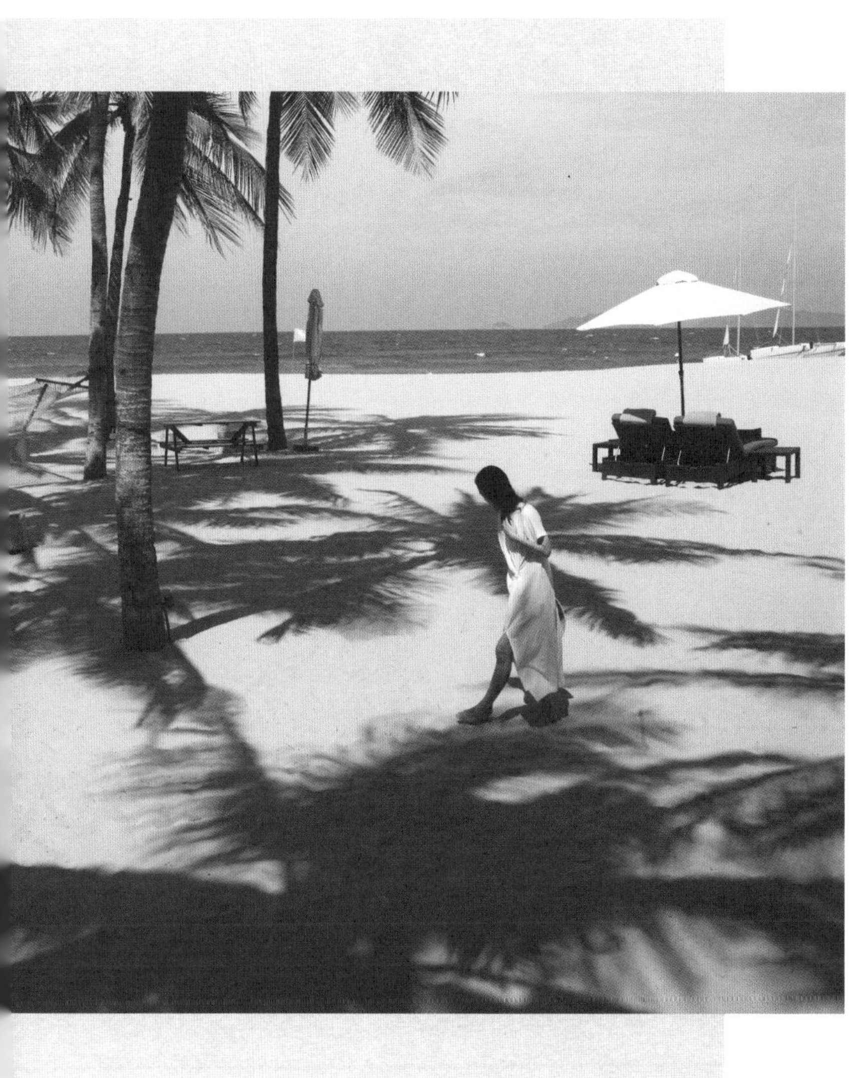

◀)) 047

海外でエレベーターの中やお店でとっさに英語で話しかけられた時、なんて返していいのかわからない…

そんな言葉の表現に困ることって結構ありますよね。

海外に行くとフレンドリーで会話好きな人はたくさんいます。
以下はそんな人達がよく話かけてくるフレーズです。

So how is your day so far?
（今日は今のところどうですか？）

How are you?
（今日はどうですか？）

このように聞かれて、英会話になれていない大抵の人は、
good と一言しか言えない人が多いと思います。

こんな時は、"good"の後に以下のようにもう一言つけたすことで、
会話が優しくなります。

and you? もしくは、yourself?（あなたは？）

と聞き返しましょう。
ここまでは簡単ですよね。

問題はこの後です。ほとんどの場合、相手は

“and you?”　などとこっちが聞いたならば

“＃＠＄％＠＄＊＄！！＠＃＃＄”

とペラペラ英語で返してくれます。

ここで重要なのが、あたりまえですが、ポイントの言葉だけを聞き取り、聞き流しても良いポイントは流すことです。

● 聞き流して良い「流しフレーズ」とは、

「Well ...」「You know ...」「So I mean ...」

のような話し手ですら意識していないような、
口癖のようなフレーズです。

日本語だと「そうですね〜」「と言いますか…」のような感じです。

● 下記はよく使う「流しフレーズ」です。

That's right ... (そうだね…)

You see ... (だから…)

Yeah so ... (うん、だから…)

You know what I mean ... (そういうことなんだよね…わかる?)

But you see ... (でも…)

and so ... (そう、だから…)

That's true ... (その通りだよね…)

Right ... (そうだね…)

It's just that ... (ただね…)

well ... (そうね…)

you know ... (知ってるかな…)

so ... (だから…)

actually ... (じつは…)

Notes:

聞き流すだけでなく、話すときには「繋ぎ言葉」として、上記を使うことで、会話がぎこちないものから、自然な会話へと変わっていきます。

なにかを話そうとする前、または会話の途中でこれらを使うことで、会話がより自然でスムーズに聞こえてコミュニケーションがたのしくなります。

では、例えば相手が

Yeah I just had a long meeting and I need a break.

（そう…今長いミーティングが終わったとこで、もう疲れた）

などと言ってきたら…　あなたはここで、

Well... I hope you get a good rest.

（そっか、ゆっくり休んでねというニュアンス）

または、

So... are you going to have lunch now?

（じゃあ、今からランチに行くの？）

のように返せばパーフェクトです。

こんな風に繋ぎ言葉を入れることで、会話がより自然に聞こえてきます。

Talking about me

初めて会った人に自己紹介をする時、名前や年齢など基本的な情報は簡単に伝えることができますよね。しかし英語圏の人がよく聞いてくる、どんなことを学んでいるか／仕事にしているか や 趣味 や住んでいる場所がどのような所なのかを具体的に話すことはできますか？

このような質問に答えることができれば、英会話がとても楽しくなります。

趣味を伝えるとき、どんな仕事や勉強をしているかを伝えるときは、その何かを伝えるだけではなく、その理由を付け足すことで会話がより素敵になります。

“because...”（なぜかというと）などと付け足さない方が、よりかっこいい表現になります。

例：

“I love practicing yoga... it helps me clear my mind.”

（私はヨガをするのが大好きです…　ヨガをすると頭がすっきりするんです）

“I am a photographer... I love taking photos of nature”

（私はフォトグラファーです…　自然の写真を撮るのが一番好きです）

“I'm studying business... my dream is to start my own business”

（私はビジネスの勉強をしています…　将来自分のビジネスを始めるのが夢です）

下記にあなたが伝えたいことを英語で書き出してください

英語圏の人はよく、"What's (what is) Tokyo like?"（東京ってどんな場所ですか?）のように、住んでいる国や街がどんな場所かを聞いてきます。そんなときはシンプルに、

"Tokyo is a ○○ place"　"It's (it is) a very ○○ place" と○○の中にその場所の特徴を入れるだけで OK です。

例：

"It's (it is) a very busy place."（とても 忙しい所です）

さらには "Everyone is always so busy."（みんな常に忙しくしています）と付け足すと good!

"Tokyo is a beautiful place."（東京はきれいな場所です）

さらには "Especially in Spring."（春は特に！）と付け足すと good!

※最後に、"You should visit one day!"（いつか行ってみてください！）と付け足すだけで会話が楽しくなります。

下記にあなたが伝えたいことを英語で書き出してください

Chapter 3

MAGIC WORDS | USE THESE WORDS INSTEAD

一言添えるだけで、素敵に聞こえる英語！｜差し替えるだけで、いい感じな響きに

この一言を添えるだけで、印象が変わる！ 素敵に！

I was wondering. | Perhaps | I'm afraid | please I guess /suppose | May I | if possible | shall we However | you see

MAGIC WORDS

🔊 048

一言添えるだけで、素敵に聞こえる英語！

I was wondering... （想起・思い起こす）

I was wondering... は、何かを尋ねる時、
センテンスの前に添えるとエレガントな響きに…

I was wondering if you could go with me...
（一緒に来ていただけますか？）

I was wondering if I could borrow it?
（お借りしてもいいですか？）

perhaps

perhaps は「多分、おそらく」と同じ意味ですが、言い回しがエレガント。perhapsと添えるだけで、上品な響きに。

例 1：

It wasn't his taste? （彼の好みじゃなかったの？）

Perhaps... （多分ね）

例 2：＊遠回しに、また上品に何かを尋ねる時などにも使います

Perhaps we could go together...?
（一緒に行きませんか？）

I am afraid...

I am afraid... は断る時や、伝えにくいことを
上品に言う時に使うフレーズ。

I am afraid I can't go that day...

（その日は残念ですが行けないです）

I am afraid to tell you but...

（申し上げにくいのですが…）

...please

...please は、頼み事をするときやお願いをするとき、
センテンスの後に添えると感じがよく聞こえます。

Could you pass me that book, please?

（その本を取っていただけますか？）

Could you show me again, please?

（もう一度見せていただけますか？）

I guess... | I suppose...

I guess や I suppose は、ニュアンス的に「たぶん」や「…と思う」といったところ。語尾を曖昧にすることで、どこかエレガントに聞こえてしまう。

I guess I could do it by myself.

I could do it by myself, I guess...

（一人でできると思うわ…）

I guess he wanted to talk to you.

（彼はあなたと話したかったんだと思う）

I suppose that is true...

That is true... I suppose...

（たぶん真実だと思う…）

I suppose that could happen.

（たぶんそうなると思う）

may I...

目上の人に「～していいですか？」と尋ねたい時は、can I...
と言う代わりに、May I... を使うことで丁寧さと上品さが増します。

May I take a look?

（見てもいいですか？）

May I sit here?

（ここに座ってもいいですか？）

＊隣に座りたい時きなど、動作で要望を表し、May I？と一言　声をかけるスタイルも
最高にエレガント！

if possible...

何かをお願いしたいとき、質問の前か後に If possible...
（もし可能であれば／できれば）と添えてあげることで、
より丁寧で上品に聞こえます。

If possible, please wear your mask.

（できればマスクの着用をお願いします）

Could we go on Friday, if possible?

（可能であれば金曜日に行きませんか？）

...shall we?

「Let's ～」「Why don't we ～?」と同じニュアンスを持ち、「一緒に～しましょう」「～しましょうか」と相手を誘ったりするときに使います。Shall we? は、相手の意見も伺うというニュアンスを含んでいるので、カジュアルながらも丁寧で上品な表現となります。

Let's start now, shall we?

（では、はじめましょうか？）

Let's go, shall we?

（いきましょうか？）

...you see

共感を求めるときや、相手の知らないことを伝えるときに、センテンスの前か後に you see... を添えることで「～なんだよね」というニュアンスになります。

You see, I don't think he likes it.

（彼、あんまり好きじゃないんだよね）

It's not very effective, you see.

（そんなに効果的じゃないんだよね）

USE THESE WORDS INSTEAD 差し替えるだけで、素敵な響きに…

049

● 差し替えるだけで、ワンランク上の丁寧な会話に！（ビジネスシーンでも）

I don't know → I'm not quite sure（よくわからない）

ok → I'd love to（ぜひとも）

like → fond of（好き）

thank you → I appreciate it（ありがとうございます）

let's go → shall we get going~?（行きましょう）

cute → adorable（かわいい）

don't like → don't care for（好きじゃない）

can I → May I?（よろしい？）

but → however（でも）

maybe → perhaps（たぶん）

ask → inquire（伺う、質問する）

help → lend a hand（手を貸す）

hand out → distribute（配布する）

I don’t know ➡
I’m not quite sure

I’m not quite sure（よくわからないです）は、
I don’t know よりも柔らかく、上品な響きを持ちます。

例）

How do we get there?

（どうやってそこまで行くの？）

I’m not quite sure.

（よくわからないです）

Sure! ok! ➡
I’d love to!

I’d love to!（ぜひとも！喜んで！）は、
sure や OK と似た意味ですが、言い回しがとても上品。

例）

Would you like to try this cake?

（このケーキ食べてみます？）

I’d love to!

（ぜひ、食べてみたいです！）

I Like ➡

I'm fond of ～

I'm fond of は、I like（好き）よりも洗練された言い方。

I'm fond of that band.

（あのバンドがとても好き）

I'm fond of you...

（あなたが好き…）

Thank you ➡

I appreciate it

I appreciate it は、thank you よりも少し丁寧で上品な響き。

I appreciate it.

（ありがとうございます）

※さらに丁寧な言い方

I appreciate your kindness.

（あなたの親切に感謝します）

Let’s go ➡
shall we get going?

Shall we get going?（行きましょうか？）
は Let’s go より上品に聞こえます。

Well, shall we get going?

ランチやディナーが終わり、
「そろそろ行きましょうか？」と言ったニュアンス。

CUTE! ➡
so adorable!

日本語では何にでも「かわいい」が通じますが、英語では
‘Cute’ の他に、素敵に聞こえる類語が多く存在します。
下記はその中でも上品に聞こえるものです。

So adorable!
動物や赤ちゃんが可愛い。

So sweet!
性格などが可愛い。

I don't like〜 ➡
not my cup of tea 〜

「I don't like 〜」（好きじゃない）と言う代わりに、
~is not my cup of tea を使い、品のある響きに。

Japanese sweets are not my cup of tea.
（和菓子はあまり好きじゃない）

Japanese movies are not my cup of tea.
（日本映画はあり好きじゃありません）

can I? ➡
may I?

何かをしたいときに、Can I ? の代わりに、May I ?

May I ask ?
（お尋ねしてもよろしいですか？）

May I help you ?
（手を貸しましょうか？）

but ➡

however

「でも」「だけど」と言いたいとき、but.. とよく言いますが、代わりに however.. を使うことでより上品な響きに。

She wanted to be just friends. However, he wanted much more.

（彼女は友達でいたかったが、彼はそれ以上の関係になりたかった）

However, I am not good at cooking.

（でも、私は料理がうまくない）

maybe ➡

perhaps

「たぶん、おそらく」という時は、maybe の代わりに perhaps を使うことでより丁寧で上品な響きに。

Perhaps it will rain tomorrow.

（明日雨が降るかもしれない）

Do you think he will like it?

（彼、喜ぶかしら？）

Perhaps...

（たぶんね）

ask～ ➡

inquire ～

何かを聞きたいとき、askと言う代わりにinquireを使い、丁寧な響きに。

I will inquire about the meeting.

（そのミーティングについてお伺いします）

May I inquire what this is about?

（これについてお聞きしてもいいですか？）

hand out ➡

distribute

何かを配る時には、hand outと言いますが、distributeを使うことでより丁寧で上品な響きに。

Distribute the pamphlets.

（パンフレットを配布する）

Could you distribute these to everyone?

（これを全員に配布してくれますか？）

help ➡

lend a hand

手を貸して欲しい時は、Could you help me? の代わりに Could you lend me a hand? と言いましょう。

I am glad to lend a hand.

（喜んで手をお貸ししますよ）

Could you lend me a hand with moving these?

（これを動かすの（をするの）に手を貸していただけますか？）

例：

Could you lend me a hand with these suitcases?

スーツケースを持ってもらいたい時。

Could you lend me a hand with my homework?

宿題を手伝ってもらいたい時。

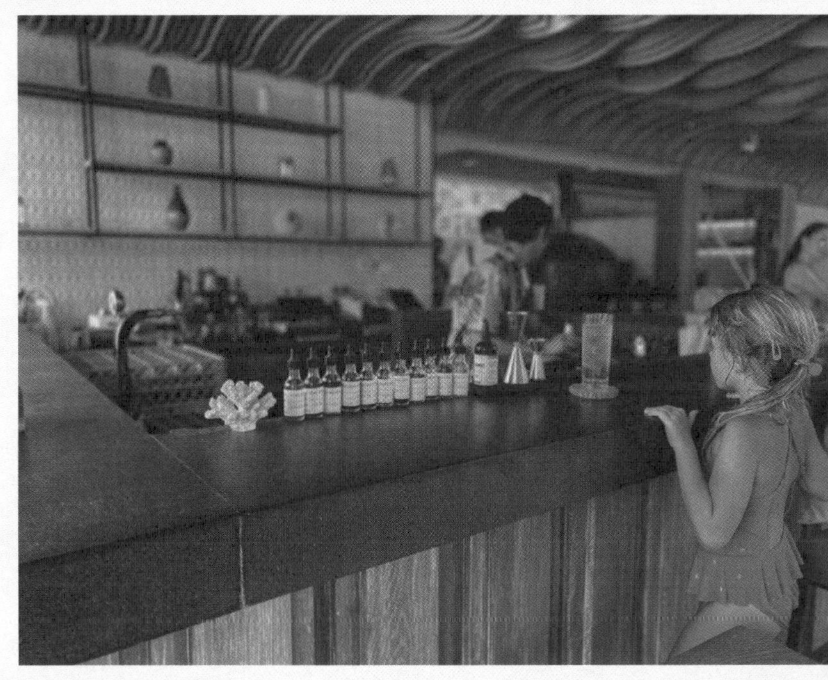

Chapter 4
MESSAGE SO SIMPLE

メールや贈り物に添えるひと言

お祝い事やありがとうの気持ちなどをシンプルに伝えたい時に役立つチャプターです。

誕生日｜感謝｜出産｜結婚｜その他

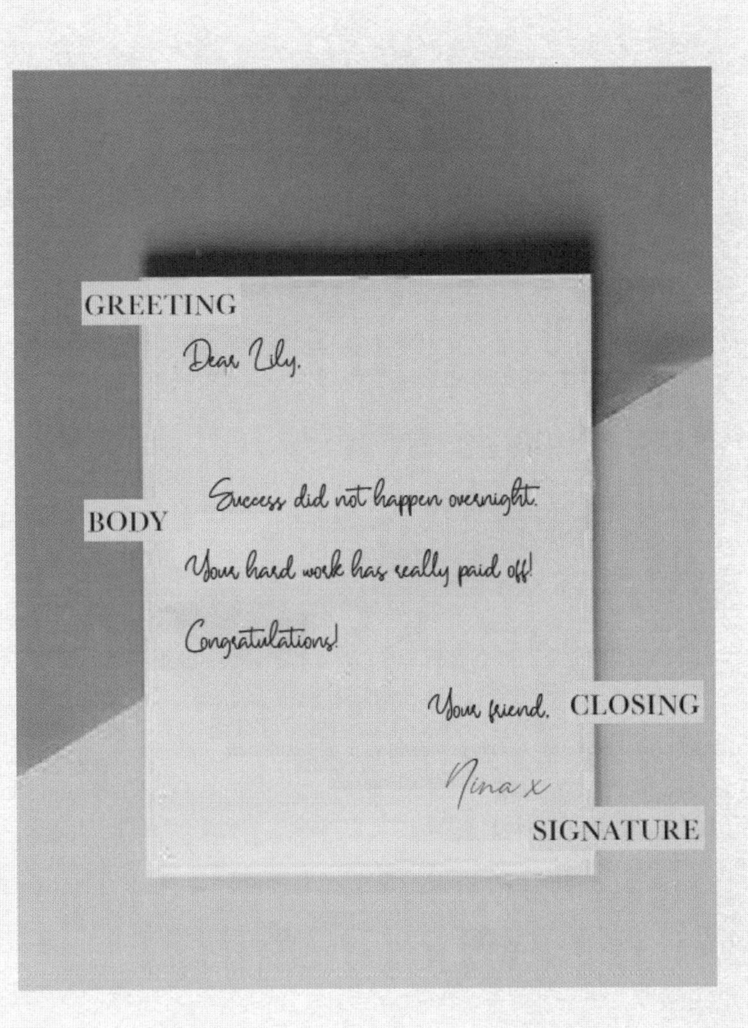
GREETING
Dear Lily,
BODY
Success did not happen overnight.
Your hard work has really paid off!
Congratulations!
Your friend,
CLOSING
Nina x
SIGNATURE

GREETING
～ 相手への呼びかけ ～

Dear Nina, のように、Dear（親愛なる）で始めるのが一般的。
※名前の後には「,」（comma）を忘れずに。

親しい間柄：

Dear Nina,

Dearest Nina,

To my dear friend,

親しい間柄でない場合：

親しい間柄でない場合は敬称をつけます。一般的に男性には「Mr.」、女性は「Ms.」を付けます。博士号取得者・医者などには「Dr.」、教授に対しては「Prof.」を付けます。

Dear Mr. Colins,

Dear Ms. Bart,

Dear Prof. Barry,

BODY
～ 本文 ～

本文を意味する「ボディ」にメッセージを書きます。
ご紹介をする例文は日本語に直訳をすると、ニュアンス的に面白い響きになるものもありますが、全て とてもシンプルに、上品に、思いを伝える一言メッセージです。

誕生日に伝える一言メッセージ

● 親しい間柄

Wishing you the best on your special day!
（ニュアンス：特別なこの日が最高な一日になりますように！）

Happy Birthday, my dear friend! Wishing you a wonderful day.
（ニュアンス：最愛なる親友へ、誕生日おめでとう！素敵な一日を！）

Happy Birthday! May the year to come be an amazing one.
（ニュアンス：誕生日おめでとう！来る年も素敵なものになりますように！）

Wishing a very happy birthday to a wonderful woman!
（ニュアンス：最高に素敵な女性へ、誕生日おめでとう！）

Happy Birthday to an extraordinary person!
Here's to another great year.
（訳：最高の君へ、お誕生日おめでとう！最高の歳になりますように！）

Happy Birthday gorgeous! Wishing you all the best.
（訳：素敵な人へ、お誕生日おめでとう！ベストを祈ってるよ！）

Happy birthday to you!
Here's a year of happiness, love, and success.
（訳：お誕生日おめでとう！喜びと愛とサクセスに満ちた歳になりますように）

Happy birthday to an amazing friend /sister/ brother!
Love you so much!
（訳：素敵な友達・姉・妹・兄・弟へ、お誕生日おめでとう！愛してるよ！）

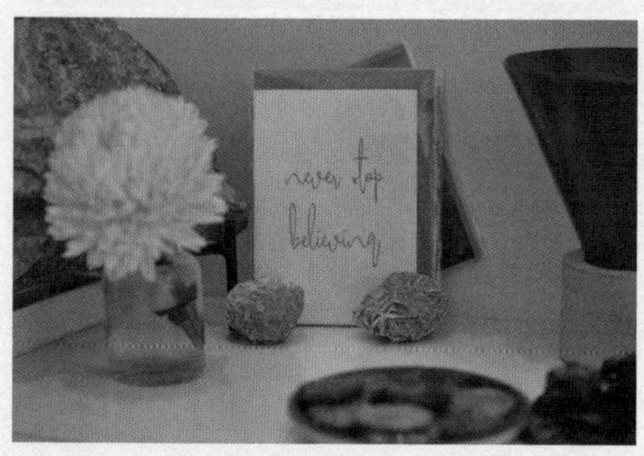

● 恋人や大好きな人へ

Happy Birthday to my other half! I love you so much.
（訳：最良の伴侶へ、お誕生日おめでとう！愛してるよ！）

Today is all about you. Happy birthday and I love you!
（訳：今日はあなたが主役。お誕生日おめでとう。愛してるよ！）

Happy birthday to my love, my better half, my best friend.
（訳：最愛の人、最良の伴侶、そして良き親友へ、誕生日おめでとう！）

Wishing a very happy birthday to the strongest man I know.
（訳：私が知っている人の中で最も強い男性へ、お誕生日おめでとう！）

Happy Birthday Love, I hope you know just how special you are.
（訳：愛する人へ、お誕生日おめでとう。私にとってあなたの存在がどれだけ特別か、あなたに伝わりますように。）

そこまで親しくない間柄

Happy Birthday! Wishing you a year of continued success.

（訳：お誕生日おめでとうございます。サクセスフルな歳を祈っております。）

Happy Birthday, wishing you prosperity in the year ahead.

（ニュアンス：特別な日が最高な一日になりますように！）

Wishing a happy birthday to a wonderful person.

（訳：素晴らしき人へ、お誕生日おめでとうございます。）

Wishing you a happy birthday, a great celebration, and a successful year.

（訳：素敵なお誕生日のお祝いとサクセスフルな歳を祈っております。）

DEAR BONITA,

WISHING YOU A HAPPY BIRTHDAY,
A GREAT CELEBRATION, AND A
SUCCESSFUL YEAR..

BEST,

Juana

THANK YOU
感謝の気持ちを伝える一言メッセージ

親しい間柄

Thank you always!
(訳：いつもありがとう！)

You're the best. Thank you always.
(訳：最高の君へ、いつもありがとう。)

My heart is still smiling. Thank you!
(訳：私のハートはまだ微笑みでいっぱいだよ。)

You made my day. Thank you!
(訳：あなたのおかげで最高の一日になったよ。ありがとう！)

I'm touched beyond words.
(訳：言葉に表せないくらい感謝してるよ。)

● 誰かに助けられた時に伝える一言

I will never forget how you have helped me. Thank you so much.

（訳：あなたに助けられたことは一生忘れません。本当にありがとうございます。）

Thank you for always being so kind and helpful.

（訳：いつも優しくしてくれて、助けてくれてありがとうございます。）

You make the world a nicer place!

（訳：あなたはこの世をより良い場所にしてくれるね！）

You went above and beyond, and I am touched.

（訳：私のために最善をつくしてくれて本当に感謝してます。）

Thank you for helping me!

（訳：私を助けてくれてありがとう！）

Dear Kris,

Thank you for helping me!

Love,

Ava

● 親しい間柄でない場合

Please accept my sincere thanks.
（訳：心から感謝をしております。）

It means so much to me, thank you!
（訳：本当に嬉しいです。ありがとうございます！）

Your thoughtfulness is a gift I will always treasure.
（訳：あなたの思いやりは、この先ずっと大切にする私へのギフトです。）

I thank you from the bottom of my heart.
（訳：心の底から感謝しています）

Thank you always! We really appreciate your kindness.
（訳：いつもありがとうございます！あなたの優しさに私たちは感謝してま す。）

NEW BABY
出産祝いの一言メッセージ

● 親しい間柄

Congratulations on your new bundle of joy!
（訳：新しい喜びに心からおめでとう！）

Wishing you and your little miracle lots of love and happiness!
（訳：ママと小さな奇跡に、たくさんの愛と喜びが訪れることを祈ってる！）

Best wishes on the arrival of your baby!
（訳：ベビーの誕生に祝福を！）

● そこまで親しくない間柄

Wishing you a lifetime of happiness with your new baby.
（訳：新しいベビーとの永遠の喜びを祈っています！）

Congratulations on the beautiful new addition to your family!
（訳：美しく新しい家族の一員に、おめでとうございます！）

MARRIAGE
結婚祝いの一言メッセージ

親しい間柄

Best wishes for your marriage.
（訳：結婚おめでとう！）

Congratulations! Love you both!
（訳：おめでとう！ 二人とも大好きだよ！）

Lots of love today and beyond.
（訳：この先もずっとたくさんの愛で満たされますように！）

そこまで親しくない間柄

Best wishes to a special couple.
（訳：2人の末永い幸せをお祈りします）

May you build a beautiful life together.
（訳：2人がすばらしい人生を築きますように）

OTHER MESSAGES
他の一言メッセージ

● 親しい間柄

Good luck with your new life!
（訳：新しい人生を応援してるよ！）

Congratulations on your new job!
（訳：転職おめでとう！）

Congratulations on such an incredible new place!
（訳：素敵なご新居おめでとう！）

You did it! I knew it was only a matter of time!
（訳：やったね！この時が来るとわかってたよ！）

そこまで親しくない間柄

Heartfelt congratulations to you.
（訳：心から祝福します。）

Congratulations on your well-deserved success.
（訳：ご成功おめでとうございます。）

Warmest congratulations on your achievement.
（ニュアンス：（目標）達成おめでとうございます！）

＊ warmest（温かな）を添えることでより丁寧な響きに。

Congratulations and best wishes for your next adventure!
（訳：おめでとうございます！ 次なるステージに祝福を。）

Success did not happen overnight.
Your hard work has really paid off!
Congratulations!
（訳：成功は一夜にして成らず。努力が報われましたね！おめでとうございます！）

May your new home bring you lots of happiness!
（訳：ご新居がたくさんの幸せをもたらしますように！）

CLOSING
～ 結びの句 ～

日本語で言うと、手紙の最後に添えられる「敬具」のような部分には、下記のような表現があります。
※ こちらも「,」(comma) を句のあとにつけるのと、初めの文字のみ大文字で書くこともお忘れなく。

親しい間柄:

- Love,
- Lots of love,
- Your friend,
- With love,
- Love always,
- Xoxo,

xoxo = Hugs and kisses.

「x＝キス、o＝ハグ」を意味し、親しい間柄で使われる表現です

親しい間柄でない場合:

- Best,
- Best wishes,
- All the best,
- Kind regards,
- Sincerely,
- Warmest wishes,
- With gratitude,
- Best regards,

SIGNATURE
～ 署名 ～

自分（差出人）の名前、サインまたはイニシャルを書きます。

Love,

Lina xoxo

Chapter 5
IMAGINATION

イマジネーションが鍵を握る！『英語だけで理解する』をマスター

“イマジネーションをすることで、
より早く理想の現実を手に入れられる”と、
耳にしたことはありませんか？

『イメージ』することは、本当に怖いぐらい強力なパワーをもっています。

到達したい夢、場所、自分を、既に到達しているかのように、
毎日イメージして生活していくことで、
より早く求めている理想に到達できると言われています。

これは、英語の勉強だけでなく、どんな夢や目標にも使える強力な方法と言われており、正しい方法で行えば、本当に怖いくらい実現するので、目標の選択には注意が必要です。

これを英語では、『Power of Imagination』と言います。いわゆる、"想像する力"です。

このイマジネーション法を英会話力の上達にも役立てていくことが重要なのです。『英語でイメージをとらえる』を意識していくことです。

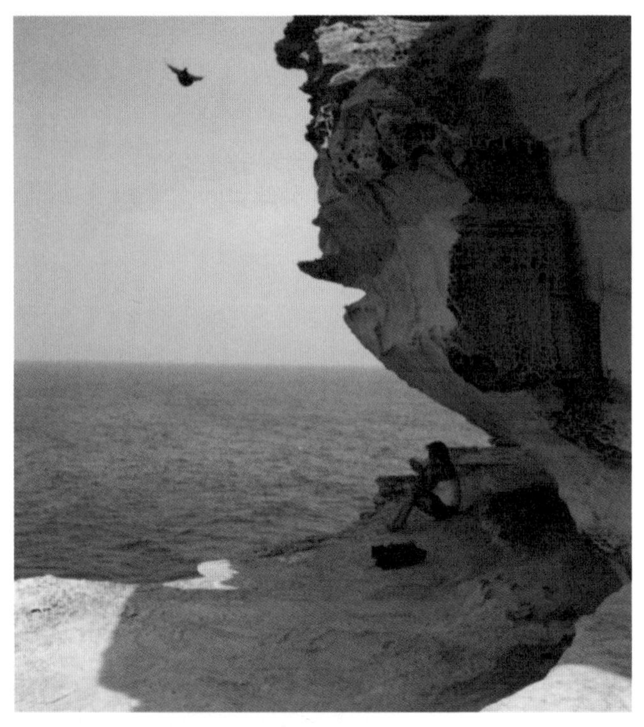

ほとんどの日本人は文字を通して英語の勉強をはじめていますよね。

だからどうしても英語を和訳してしまうという癖がついてしまっています。学校で教科書を使って勉強をしていた方はなおさらです。

和訳をするのではなく、
「英語を英語のままとらえる」
ということを意識しはじめることです。
例えば「おもしろい」という言葉を聞いた時のイメージです。

ほとんどの人がきっと、"おもしろいジョーク"や"笑ってる"等をイメージします。

各個人によって異なりますが、脳の中にはなにかしら「おもしろい」イメージの絵が無意識に浮かんでくるはずです。

何が言いたいかというと、日本語での文字情報である「おもしろい」という言葉は頭に浮かんでこないのです。そのかわりに「イメージ」だけがおもいっきり浮かんでくるのです。

ということは、英語もまったく同じで「FUNNY」という英語を耳にした時、文字情報化（和訳）にせずに、「イメージ化」をすれば良いだけなのです！

単語だけでなく、さらにはシチュエーションもイメージしていくことが大切です。

例えば、あなたが大好きな国へ旅行で訪れたことを想像してください。それもかなり具体的に。

…オーストラリアの、コーヒーが美味しい
カフェに一人で入り、ソイラテのホットと
ブルーベリーマフィンを注文するシーン…

その時あなたはどんな気持ちで、どんな感情で注文をしていますか？

もしワクワクしながら注文をしているあなたがいたら、その感情を覚えたまま、英語での注文の仕方を練習してみてください。

『Hi! Can I get a hot soy latte and a blueberry muffin please! 』

アンダーラインのしてある単語は注文をしたいものですよね。こういった単語はものをイメージして覚えること。（くれぐれも、日本語に和訳してはいけません）

hot soy latte の場合は、できたての美味しそうなラテをイメージして何回も単語を発音してください。

アンダーラインしていない部分は、最もネイティブらしい言い回しなので、その時の感情を意識してなんども繰り返し発音して練習しましょう。

この「イメージ」をする癖をつけることが、英語を完璧に理解し、英会話をよりいっそう早くマスターできる大きなコツなのです！

Now
close your eyes
and imagine...

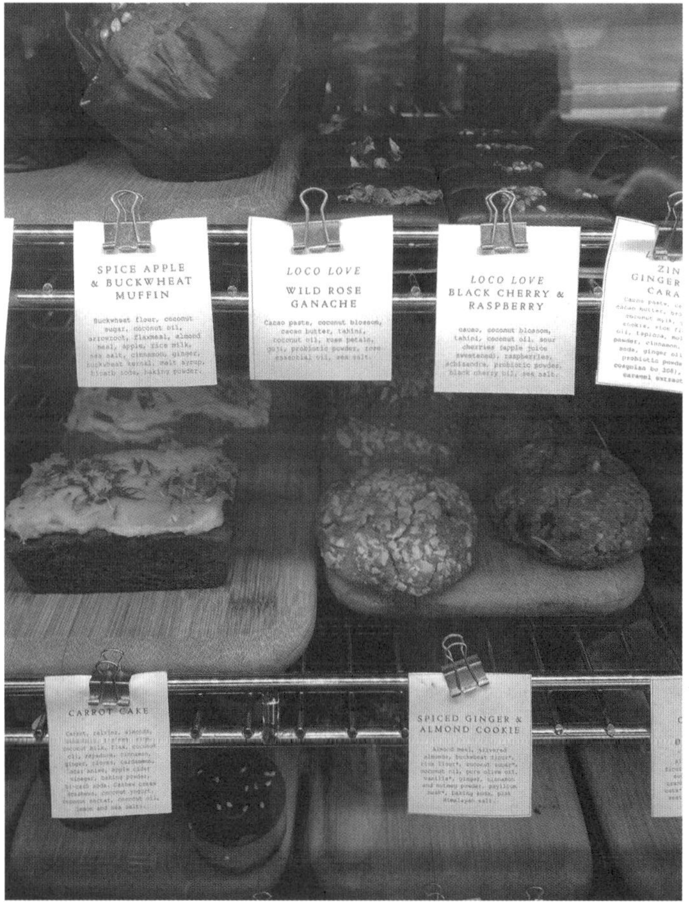

TRAVEL PLAN
〈 旅の計画をしてイメージする 〉

PLAN YOUR TRIP

下記を全て英語で記入しましょう

Top 3 countries/cities I'd like to visit

(私が行きたい国 or 都市トップ3)

例：I would like to visit New York.

Country or city I'd likely visit soon (when)

(近い未来に行く可能性がある国 or 都市)

例：New York (October this year)

Reason why I would like to visit this place

(私はなぜここに行きたいか)

例：I want to see my friends and explore the city.
(友達に会いたいのと、街を探索してみたいから)

Top 3 cafés/restaurants I would like to visit there

(そこで行ってみたいカフェ/レストラントップ3)

at your favorite café

素敵な海外のカフェをイマジンをしながら、
下記を全て英語で記入しましょう。

Café I'd like to visit / visit again overseas

（海外で行ってみたい／また行きたいカフェ）

Things I'd like to order

（そこで一番注文したいもの）

行きたいカフェで注文をするシーンを想像して、
下記に記入＋覚えること！

『Hi! Can I get a ＿＿＿＿＿＿
and a ＿＿＿＿＿＿ please! 』

『Hi! I would like a ＿＿＿＿＿＿
and a ＿＿＿＿＿＿ please! 』

Have a mindful journey

Chapter 6
POSITIVE QUOTES

「マインドフルネス」を意識した、
ポジティブな気分になれる
英語のフレーズ

Own who you are

Own who you are

堂々と自分らしくいて

自分らしさを誇りに持ち、
胸を張って生きていこう…

Follow your heart

心のままに…

本当にやりたい、欲しい、と
望んでいることをすることが大切…
心のままに、進んでいくこと…

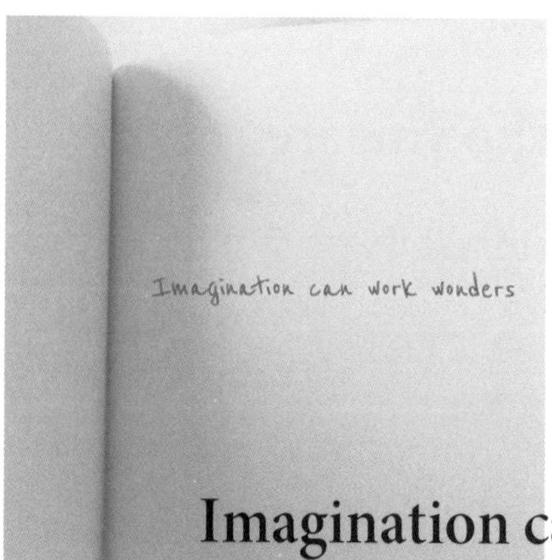
Imagination can work wonders

Imagination can work wonders

イマジネーションには驚くほどのパワーがある

夢に近づくためには想像をすることが大事。
毎日、毎分、毎秒、イマジネーションをして夢を現実化しよう…

Kindness is magic

Kindness is magic

優しさは魔法のよう

優しい心を持った時、誰かに優しくした時、
奇跡が起きる…

Life is a dance

人生は踊りのよう

自由に、楽しく舞を舞うように、
心のままに、楽しく日々を過ごそう…

Life is a dance.

set yourself free

Set yourself free

自由になろう

自分を解放してあげて…

Stay determined

揺るがない決意を持て

目的やイメージした未来へたどり着く為、

強い決意を持って日々邁進すること…

Stay determined

Peace comes from within.

Peace comes from within

平和は内側から来るもの

色々な出来事が起きる日々の中で、
外側の平和を期待するのではなく、
自分自信の心を穏やかに、平和にすればいい…

Feet on the ground,
head to the skies.

Feet on the ground, head in the skies

足は地面に、頭は空へ

現実を受け止め、足元はしっかり地につけた状態で、
素敵な未来・目的を思う存分イメージしよう…

all
you
need
is
less

All you need is less

“より少なく”こそが必要

シンプルに生きること。
断捨離をし必要なものだけをそばに置いて、
ミニマルなライフを追求していくこと

One day at a time

One day at a time

1日ずつ

描いている場所に近づくためには、できるかぎりの事を、
1日ずつ丁寧にこなしていくこと…

Trust the process

Trust the process

自分のプロセスを信じて

頑張りや過程がやがて目的の場へ
繋がることを信じる事…

Appear as you are.
Be as you appear

あるがままの自分の姿でいて。
その姿のような自分であれ。

内側も外側も美しくあれ…

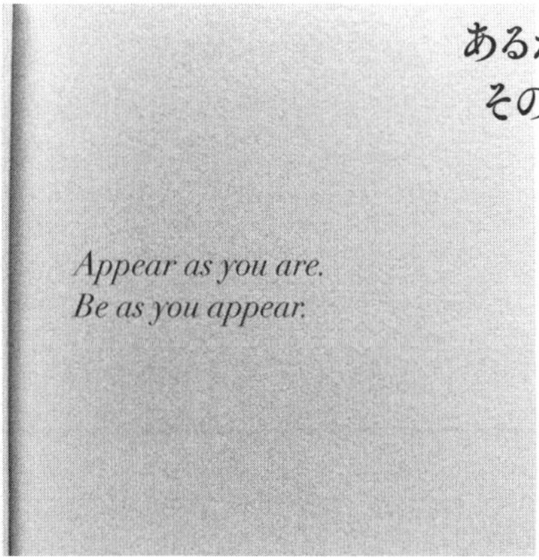

Appear as you are.
Be as you appear.

Stay in your magic

自分らしく、素敵でいて

どんなことがあっても、そのまま、
自分らしく魅力を放っていて…

See the good

いい所に視点を

良い点にフォーカスをして、
常にポジティブでいよう…

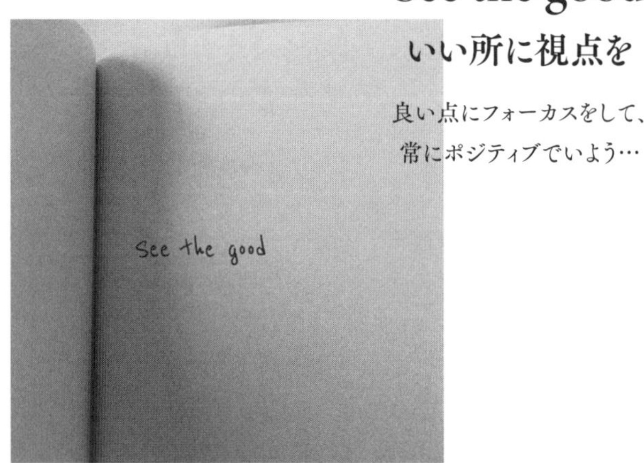

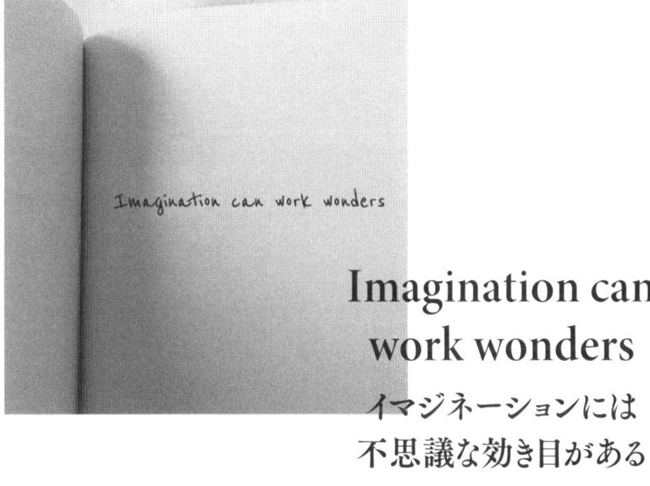
Imagination can work wonders

Imagination can work wonders

イマジネーションには不思議な効き目がある

想像力の偉大さを知ること。イメージをし、
たくさんの夢を叶えていこう…

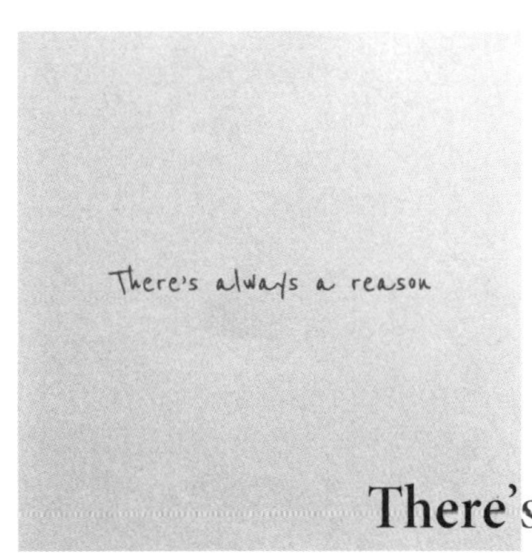
There's always a reason

There's always a reason

そこには必ず理由がある

いろいろな出来事、発見、出会い…
そこにはいつも意味や理由がある…

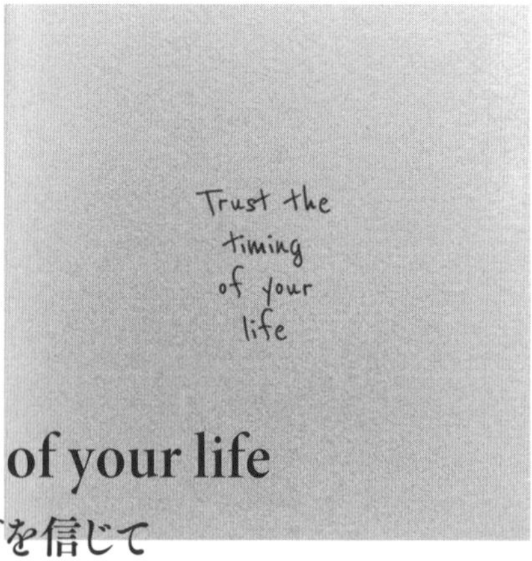

Trust the timing of your life

人生のタイミングを信じて

全ての出来事は絶妙なタイミングで起こる…
自分の人生のタイミングを信じてみよう…

Just be

ただ存在して

明日のことを心配することもなく、
ただ今この瞬間を大切に…

Have a dream, make a plan, go for it. You'll get there, I promise.

Have a dream, make a plan, go for it. You'll get there, I promise.

夢を持ち、計画を立て、邁進して。きっと必ず辿り着ける。約束する。

ポジティブ思考で、きっと必ず辿り着けると毎日言い聞かせ、
計画通り頑張れば、きっと夢は叶うはず…

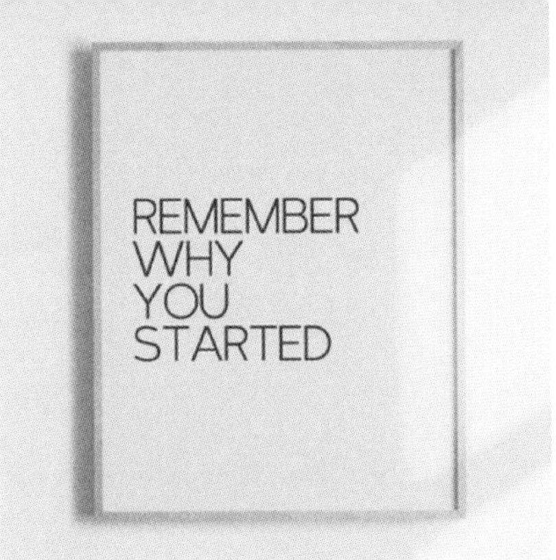

Remember why you started

なぜ始めたかを思い出して

迷ったり行き詰まったりした時は、もう一度「なぜそれを選択したのか」「なぜそのことを始めたのか」を思い出して、やる気を取り戻し、再び前進しよう…

Don't call it a dream. Call it a plan

「夢」と言う代わりに「計画」と呼ぼう

計画し、努力をすれば、描いている夢に必ず辿り着けるから…

serene encounter with reality: mindfulness

serene encounter with reality: mindfulness

穏やかな現実とのふれあいを、「マインドフルネス」と呼ぶ…

マインドフルネスとは、「今、この瞬間を大切にする生き方」「心を今に向けた状態」のこと…

Words of Affirmation
肯定的な言葉

● 近い未来に実現させたいことを、英文で書いていきましょう。
既に実現しているかのように、I have..., I am..., I am able to... と、「私は」で始まる現在形で書きましょう。

海外では、マーフィー博士という人が有名にした「潜在意識に働きかけて願望を実現する」という理論をよく使います。
「自分が手にしたいものがあった場合、それらはすでに自分のものになったとイメージしなさい。そうすればそれは必ずあなたのものとなります」というのが、マーフィー博士の言葉です。

例：

I am able to freely communicate in English.
（私は英語で自由に会話をすることができる）

I have met a lovely friend in New York.
（私はニューヨークで素敵な友達に出会いました）

I am working as a ◯◯◯, something I've always wanted to do.
（私はずっとやりたかった◯◯◯として働いています）

下記に近い未来に実現させたいことを、英文で書いていきましょう。

BONUS CHAPTER

ボーナス編 I

旅に嬉しい香りたち

Traveler's aroma choice

旅の供に・多効能なエッセンシャルオイルたちを紹介

ESSENTIAL OIL（エッセンシャルオイル）とは、果皮や花、
葉や樹皮などから抽出された天然の液体のことを言います。
リラックス、集中力、頭痛、機内酔い、
疲れ、時差ボケ、むくみ防止などの効果が
あると言われているエッセンシャルオイル…
そんなエッセンシャルオイルの英語の呼び名と効能を紹介。

エッセンシャルオイルと'系統'

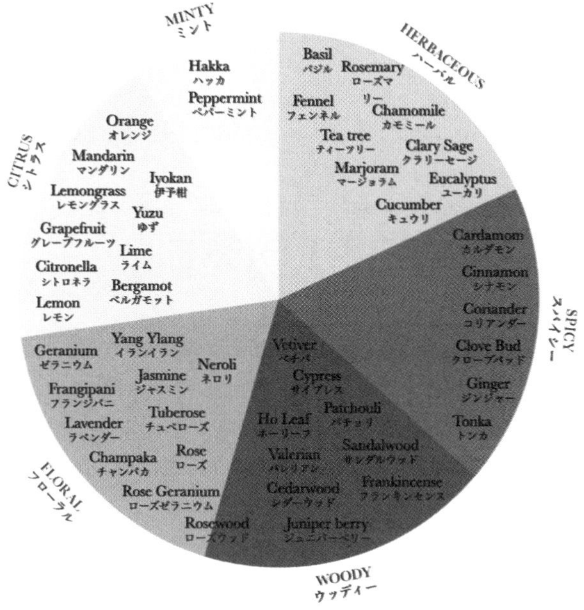

エッセンシャルオイルには、大きく分けて8系統のグループがあります。
チャートにあるものは、海外で一般的に知られている6系統のグループです。

Citrus（シトラス系）・爽やかなフルーツや柑橘系の香り
Floral（フローラル系）・花から抽出した華やかな香り
Woody/Earthy（ウッディー／樹木系）・森林浴をしているような香り
Spicy（スパイシー系）・料理の香料にも使われるスパイシーな香り
Herbaceous（ハーブ系）・さっぱりしたハーブ系の香り
Minty（ミント系）・すっきりしたミント系の香り

ESSENTIAL OILS & BENEFITS *Travel Version*

エッセンシャルオイルと効能 〜 旅編〜

IN THE HOTEL ROOM

お部屋／ホテルルームでリラックスしたいとき

Relaxing |Anti stress　リラックス｜ストレス緩和

ラベンダー、ベルガモット、マンダリン、イランイラン、
ゼラニウム、ネロリ、クラリーセージ、チュベローズ、
ローズウッド、フランジパニ、パチョリ、ホーリーフ、
シナモン、ローズ、フランキンセンス、ジャスミン

Sleep Well　安眠・不眠の改善

ラベンダー、オレンジ・スイート、ベルガモット、マンダリン、
ネロリ、カモミール、クラリーセージ、ベレリアン

Fatigue　疲れ

ラベンダー、オレンジ・スイート、ベルガモット、マンダリン、
ネロリ、フランキンセンス、カモミール、ジンジャー、バジル

ON THE PLANE

飛行機の中で

Headache Relief　頭痛を和らげる

ラベンダー、ペパーミント、ローズマリー、ユーカリ、カモミール

Airsickness　機内酔い

フェンネル、ジンジャー、コリアンダー、カモミール、カルダモン、ペパーミント

Jet lag　時差ボケ

ペパーミント、ユーカリ、レモングラス、ゼラニウム、ラベンダー、グレープフルーツ

Prevention of swelling　むくみ防止

ティーツリー、ラベンダー、ジュニパー、ゼラニウム、カモミール

OUT AND ABOUT

お出かけするとき

Refreshing | Uplifting　リフレッシュ

グレープフルーツ、レモン、ペパーミント、ローズマリー、ユーカリ、ハッカ、伊予柑、ゆず、レモングラス、ライム、ティーツリー、オレンジスイート、ベルガモット

Clarity | Focus　集中力を高める

レモン、ローズマリー、グレープフルーツ、レモングラス、ティーツリー、ユーカリ、ペパーミント、ラベンダー、ライム、バジル、ゼラニウム

Insect repellent　虫よけ

シトロネラ、ティーツリー、レモングラス、シナモン、レモンユーカリプタス、ラベンダー、ペパーミント、シダーウッド

LOVE AND ROMANCE

ラブ・ロマンスの時間

Happiness　ハッピーな気持ちに

クラリセージ、マンダリン グリーン、ラベンダー、バニラ、ローズ、グレープフルーツ、ベルガモット、ジャスミン、マージョラム

Love & Sensuality　センシュアルな気分に

イランイラン、ジンジャー、ローズ、パチョリ、トンカ、ローズウッド、チュベローズ、フランジパニ

others

他

Anxiety Relief　不安感をやわらげる

イランイラン、ベルガモット、ネロリ、マンダリン、ローズ、トンカ、パチョリ、クローブ、サイプレス、ジュニパーベリー、ローズウッド、チャンパカ、ローズゼラニウム、シダーウッド、フランキンセンス

Hormone Balance | PMS　ホルモンバランスとPMS

クラリセージ、ゼラニウム、ローズ、イランイラン、パチョリ、フランキンセンス、ローズマリー、ジンジャー、サイプレス、ラベンダー、ベルガモット、マンダリン、オレンジ・スイート、グレープフルーツ、ペパーミント、ロマンカモミール

Anti bacterial/mould　雑菌やカビの繁殖を抑える

ティーツリー、ラベンダー、ペパーミント、レモン、シトロネラ、レモングラス、ユーカリ、ゼラニウム、ローズマリー

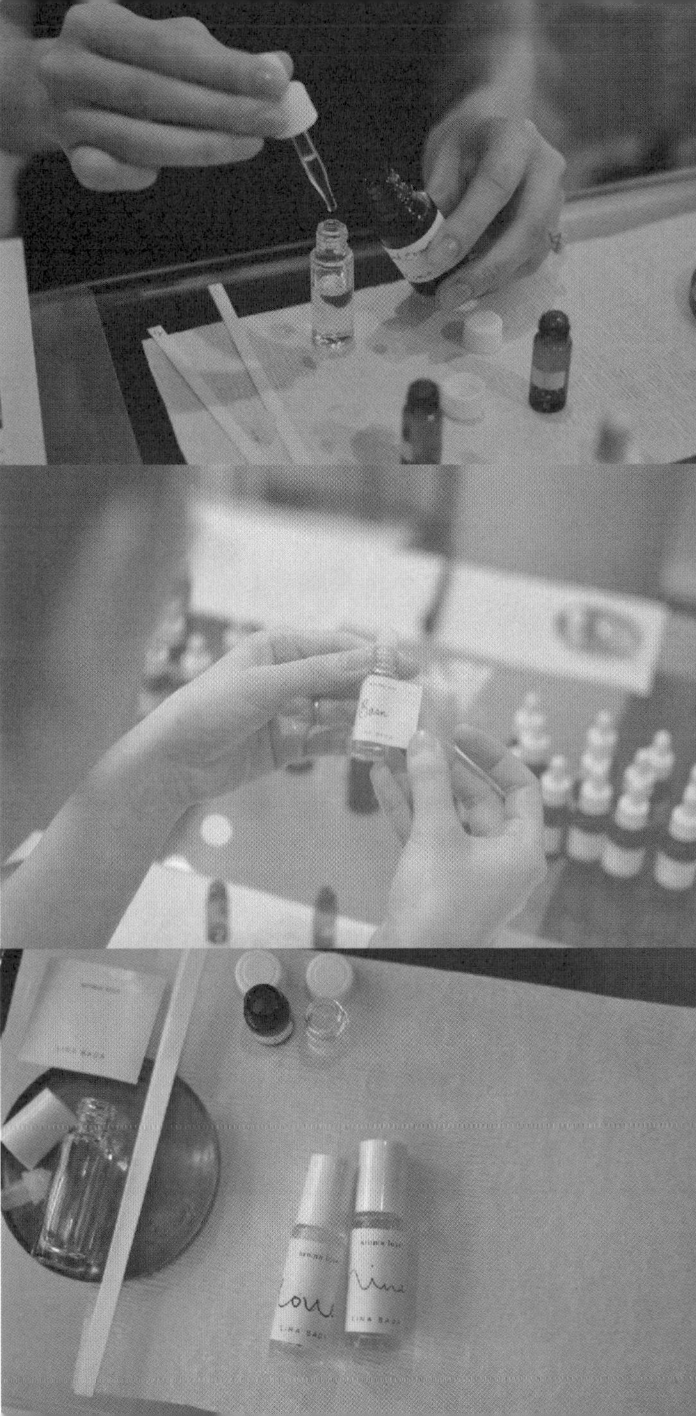

SELF LOVE・アロマセッション by Ōdes

『旅 (Mindful Journey)』と『ウェルネス (Wellness)』をコンセプトに、東京の中心で作れる世界に一つだけの自分の香り。筆者リナがインストラクターのバイリンガル アロマ セッション。

Mindful Journey

香りは記憶と深いつながりがあると言われています。
旅や大事な記憶を「香り」で保存し「香り」で呼び起こすことができたらとても素敵ですよね。

自分にぴったりの香りと一緒に旅に出かけてみてはいかがですか？

ボーナス編Ⅱ

海外でよく耳にする
ガーデンヌック®とは？

WHAT IS A GARDEN NOOK?

お庭などにある、こじんまりとした居心地のよい隠家のようなスペースのこと。守られているような感覚と安心感をうみだしてくれるヌックは、本を読んだり、一人まったりできるスペースでもあります。

Nook & Imagination

居心地の良い自分だけのNOOKをみつけて、begin imagining...

※筆者がデザインを手がけた、小江戸川越にある豊かな自然に囲まれたプライベートグランピング The GlamTerrace（ザ グランテラス）にて撮影

Outro

"Live as if you were to die tomorrow.
Learn as if you were to live forever."

—Mahatma Gandhi

あたかも明日死ぬかのように生きて、
あたかも永遠に生きるかのように学べ

—マハトマ　ガンディ

この一冊が誰かにとっての刺激やきっかけ、インスピレーションや一歩踏み出すポジティブなエネルギーになることを願っています。

昨年までの10年ほど、私はもがいていました。高い壁が次から次へと目の前に現れ、その度に戸惑い、迷い…　乗り越えなくてはならない試練が多すぎて笑えるくらいでした。そして訪れたコロナ禍。そんなコロナ禍の静けさのクライマックス時に私の中に色々な感情、アイディアやインスプレーションが湧き上がり、自分の経験をシェアしたいという強い思いが生まれ、この本の創造プロセスがはじまりました。

その後、導かれるようにして『ベレ出版』と出会い、2年越しの制作の後出版まで辿り着けたのも、編集者さん、デザイナーさんたちのおかげです。私の細かなこだわりを丁寧に形にしてくださって、本当にありがとうございます。

そして、いつも助けてくれる家族、元気とパワーをくれる素晴らしい友人たち&同じ目標に向かって共に頑張っている仲間たち…

and to you.. and everyone watching over me from above...

ありがとう

Last but not least,
この本を買ってくれたあなたへ,

Thank you so much from the bottom of my heart!

If you can imagine it, it is because it already belongs to you...

イメージできるということは、もう既に想像したものはあなたのものであるから…

Much love,

Gina

ダウンロード音声のご案内

【スマートフォン・タブレットからのダウンロード】

ご利用の場合は、下記のQRコードまたはURLより
スマホにアプリをダウンロードしてください。

https://www.abceed.com

abceedは株式会社Globeeの商品です。

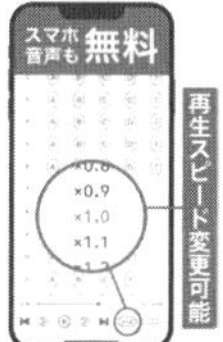

mikan アプリでの音声ご利用方法

1. 下記の QR コードまたは URL より、アプリをダウンロード

https://mikan.link/beret

2. アプリを開き、教材一覧を開いて検索バーをタップ
3. 書籍名を入力して検索
4. 音声ボタン（♫）より、再生バックグラウンド再生や、音声の速度変化も可能性

（mikan アプリについて）
英単語や熟語、フレーズの基礎学習から、リスニング・リーディングなどの実践対応まで、音声を聞きながら楽しく、効率的に英語を学べる大人気アプリ。
アプリ内学習以外にも、書籍付属の音声再生機能や、電子書籍機能を搭載。※書籍ごとに使える機能は異なります。

【パソコンからのダウンロード】

① 小社サイト内、『SIMPLY ENGLISH』のページへ。「音声ファイル」の「ダウンロード」ボタンをクリック。

② 8 ケタのコード afMpLo9n を入力してダウンロード。

＊ダウンロードされた音声は MP3 形式となります。zip ファイルで圧縮された状態となっておりますので、解凍してからお使いください。

＊ zip ファイルの解凍方法、MP3 携帯プレイヤーへのファイル転送方法、パソコン、ソフトなどの操作方法については、メーカー等にお問い合わせくださるか、取扱説明書をご参照ください。小社での対応はできかねますこと、ご理解ください。

＊以上のサービスは予告なく終了する場合がございます。
＊音声の権利・利用については、小社ホームページ内［よくある質問］にてご確認ください。

著者紹介

重光 リナ（Lina Shigemitsu）

NEW SOUTH WALES 大学（ランドスケープ建築）出身。6 歳時にオーストラリア・シドニーに渡豪。大学卒業後、マカオに渡り Carlos Marreiros デザイン事務所で経験を積む。

ランドスケープデザイナーであり、「旅する香り」がコンセプトのナチュラル フレグランス ブランド LINA BADA のファウンダー・パフューマーでもある。また都内でバイリンガル ウェルネス アロマセッションも開催している。

法人企業を対象に英語のネーミング／キャッチコピーまた作詞などのクリエイティブワークも行ってる。

https://byodes.com/
instagram：@_byodes

◉── カバー・本文デザイン　Ampasand Inc. 長尾 和美
◉── DTP　WAVE 清水 康広
◉── カバー・本文写真　重光 リナ
◉── 音声　収録時間 40 分／ナレーター　重光 リナ

［音声(おんせい) DL 付(つき)］SIMPLY ENGLISH

2023 年 8月 25 日　初版発行

著者	重光(しげみつ) リナ
発行者	内田 真介
発行・発売	ベレ出版 〒162-0832　東京都新宿区岩戸町12 レベッカビル TEL.03-5225-4790　FAX.03-5225-4795 ホームページ　https://www.beret.co.jp/
印刷	モリモト印刷株式会社
製本	根本製本株式会社

ISBN 978-4-86064-733-9 C2082　編集担当　綿引ゆか